国家社会科学基金重点项目
（18AKG001）阶段性成果

THE FRANZ BOAS ENIGMA
rctic, and Sciences

弗朗兹·博厄斯之谜：

因纽特人、北极与科学

〔加拿大〕路德·穆勒－威勒（Ludger Müller-Wille）\著

王丽英 宋志强\译

曲枫\译校

天津出版传媒集团

天津人民出版社

图书在版编目(CIP)数据

弗朗兹·博厄斯之谜：因纽特人、北极与科学 /
(加) 路德·穆勒-威勒著；王丽英，宋志强译 . -- 天津：
天津人民出版社，2023.6
ISBN 978-7-201-19514-8

Ⅰ.①弗… Ⅱ.①路… ②王… ③宋… Ⅲ.①因纽特
人—研究 Ⅳ.①K71

中国国家版本馆CIP数据核字(2023)第097102号

著作权合同登记号：图字02-2021-243
© Baraka Books 2014. Original title: *The Franz Boas Enigma*
Published with authorization of Baraka Books.
本书原版由Baraka Books出版公司于2014年出版。原标题：《弗朗兹·博厄斯之谜》。
经Baraka Books出版公司授权翻译出版。版权所有，侵权必究。
本书插图系原文插附地图。

弗朗兹·博厄斯之谜：因纽特人、北极与科学
FULANGZI BOESI ZHI MI YINNIUTEREN BEIJI YU KEXUE

出　　版	天津人民出版社
出 版 人	刘　庆
地　　址	天津市和平区西康路35号康岳大厦
邮政编码	300051
邮购电话	(022)23332469
电子信箱	reader@tjrmcbs.com

策划编辑	杨　轶
责任编辑	李佩俊
封面设计	春天·书装工作室

印　　刷	天津海顺印业包装有限公司
经　　销	新华书店
开　　本	880毫米×1230毫米　1/32
插　　页	2
印　　张	6
字　　数	120千字
审 图 号	GS(2023)1813号
版次印次	2023年6月第1版　2023年6月第1次印刷
定　　价	68.00元

弗朗兹·博厄斯，纽约，约 1910 年（美国哲学学会）

主要资料来源简称

德国柏林民族博物馆档案, Archive of the Ethnological Museum, Berlin, Germany, AEM

美国哲学学会, American Philosophical Society, Philadelpia, PA, USA, APS

《柏林日报》, *Berliner Tageblatt*, daily newspaper, Berlin, Germany, BT

弗朗兹·博厄斯, Franz Boas, FB

弗朗兹·博厄斯家庭文件, Franz Boas Family Papers, APS, FBFP

弗朗兹·博厄斯专业论文, Franz Boas Professional Papers, APS, FBPP

德国洪堡大学柏林档案馆, Humboldt University Berlin Archive, Berlin, Germany, HUBA

丹麦哥本哈根皇家图书馆, Royal Library, Copenhagen, Denmark, RLC

美国《科学》杂志, *Science*, magazine, New York, NY, USA, Sc

原版出版说明

2013年7月23日经美国哲学学会授权,本书可以出版和复制美国哲学学会收藏的弗朗兹·博厄斯家庭文件和专业论文中的照片与陈述。原书作者路德·穆勒–威勒(Ludger Müller-Wille)将德语、丹麦语以及拉丁语的出版物、参考文献中的原话、词语、名称和标题均翻译为英语。

拉格纳·穆勒–威勒(Ragnar Müller-Wille)负责绘图、数字化图像处理与英文原版书的封面设计。

献 词

谨以此书致敬那些为因纽特人文化遗产和弗朗兹·博厄斯遗产做出贡献的人,以及在我研究北极圈的人和弗朗兹·博厄斯的生活与工作过程中对我产生影响的人。

致敬阿克萨乌克·埃图安加(Aksayuk Etuangat, 1901—1996)与阿兰·安格马利克(Allan Angmarlik, 1957—2000),两位来自努纳武特(Nunavut)庞纳唐(Pangnirtung)的因纽特人(真正的因纽特人),是真正的因纽特人的后裔,在1883—1884年时,弗朗兹·博厄斯曾与他们的先人共同生活过。1984年夏,琳娜·韦伯·穆勒-威勒(Linna Weber Müller-Wille)与博厄斯的学生克里斯蒂娜·梅森(Christine Mason)在考察巴芬岛坎伯兰湾因纽特语地名时,阿克萨乌克·埃图安加与阿兰·安格马利克曾鼎力相助。我有幸参与收集现代地名,同时审核博厄斯在一百年前与他们的祖先记录和绘制的地图。

致敬马吕斯·普特朱特·通吉利克(Marius Putjuut Tungilik, 1957—2012),因纽特人及其文化、语言、政治完整性的倡导者,处理寄宿学校受虐儿童创伤事件的领导者与协调者,建立努纳武特的重要贡献者。1973年我们在里帕尔斯贝相识,此后我们成为亲密的、家人般的朋友,他帮我们深入了解因纽特人的生活方式和哲学。

致敬亲爱的朋友兼人类学家杰拉尔德·L.布鲁斯(Gerald L. Broce,1942—2011),忠诚的学者和同事道格拉斯·科尔(Douglas Cole,1938—1997),学术教师和博士导师鲁迪格·肖特(Rüdiger Schott,1927—2012)。他们以自己独特的方式展现博厄斯个人和科学遗产的价值及对其的尊重,这在一定程度上影响着我对博厄斯的认识和评价。

中文版序言

 弗朗兹·博厄斯(1858—1942)终其一生对人类与自然环境间的相互作用开展分析研究,用他自己的话即研究"土地与人之间的基本关系"(Boas 1885h:62)。他在19世纪80年代至20世纪40年代学术生涯活跃期,进行了广泛的研究,出版了大量的作品,并致力于教学和指导学生,促使新兴的人类学成为全球公认的学科。弗朗兹·博厄斯的作品,无论德文的还是英文的,在其生前已被翻译成包括中文在内的多种语言。现在,到21世纪初,有越来越多的文献批判性地回顾和分析了弗朗兹·博厄斯的工作和思想对人类学和社会科学的持续影响。

 2014年,本书的英文版在加拿大出版。在书中,我重点介绍了弗朗兹·博厄斯在德国自然科学领域的早期科学生涯,其早期科研经历促使他在1883—1884年间与仆人威廉·威克(Wilhelm Weike)一起来到加拿大北极,与土著因纽特人共同生活了一年。弗朗兹·博厄斯的目标是研究因纽特人在北极特定的自然环境中的文化和生计[参见穆勒–威勒审校的1998年出版的博厄斯日记（*Franz Boas among the Inuit of Baffin Island 1883 - 1884:
Journals and Letters*），以及穆勒-威勒和吉塞金合作审校的2011年
出版的威廉日记（*Inuit and Whalers on Baffin Island through German
Eyes: Wilhelm Weike's Arctic Journal and Letters, 1883 - 1884*）]。
在因纽特人的帮助下，他沉浸在北极环境和土著世界中，帮助他
的因纽特女性有阿库斯辰克斯楚（Akuschiakschu）、库努里阶
（Kunurisian）、普凯阿（Puikkia）、塞格露平（Ssegdloaping），因纽特
男性有奥辰唐（Ocheitung）、山谷亚（Shanguja）、塞格纳（Ssigna），
以及外来居民苏格兰捕鲸者詹姆斯·穆奇（James Mutch），这些名
字是博厄斯依因纽特语音译而来。博厄斯采用了创新的研究方
法，如参与式观察，乘船或狗拉雪橇广泛旅行到所有可到达的定
居点。此外，他还进行了大规模系统测绘，包括地名和土地使用
的详细调查，以及与因纽特专家的结构化访谈和口头传统录音。

博厄斯积累了大量有关因纽特人的地方性知识，建立了一个
多样化的、广泛的素材体系，并在他的多部作品中使用了这些素
材，这些作品包括1883年到1894年以德语出版的，1885年以英语
出版的。正如当时和后来所发生的那样，弗朗兹·博厄斯关于因
纽特人的德文作品几乎无法融入以英语为主要阅读语言的北美
科学界和公众，并不为他们所接受。这是他个人历史与经历中最
扑朔迷离的事件，对更广泛的科学界来说仍然是一个谜。本书的
目的是按照年代、背景和主题在各个章节中介绍和回顾博厄斯的

所有德语作品,包括报纸文章。这将有助于更广泛地获得和理解弗朗兹·博厄斯以其母语撰写的因纽特人文化史的整体研究(见参考文献中弗朗兹·博厄斯下的条目)。我们可以发现,博厄斯关注到许多不同的解释"领域",如"生态"角度的自然和文化地理学、民族学、语言学和民俗学,并将其综合运用,在他的指导下融合为"人类学",这是19世纪90年代弗朗兹·博厄斯在纽约市哥伦比亚大学(Columbia University in the City of New York)确立职业地位后所大力追求的目标(denominator)。

弗朗兹·博厄斯对加拿大北极地区因纽特人开展的科学研究,是他向人类学的广阔领域迈出的第一步。在他活跃的学术生涯中,他将人类学扩展到其他文化和地区,并得到了广泛的认可。最近的弗朗兹·博厄斯传记研究更加关注其德国犹太人这一个人背景,他为了追求科学事业从德国移民到美国。多年来,他发现自己也越来越多地参与到反对种族和文化歧视的政治活动中,倡导社会公正、人权,以及在国内和国际上承认文化多样性。他亲身经历过这种情况。他因在人类平等问题上的立场而受到严厉批评和排斥。这些方面恰恰是他的个性特色和毕生事业不可或缺的部分,罗斯玛丽·莱维·祖姆沃尔特(Rosemary Lévy Zumwalt)在她最近撰写的传记(*Franz Bosa: The Emergence of the Anthropol-ogist*, 2019; *Franz Bosa: Shaping Anthropology and Fostering Social Justice*, 2022)中对此进行了详细阐述。

本书的中文版在对人类研究的不同方法有更广泛的历史理解方面迈出了积极和建设性的一步。在此,我要感谢发起和支持该翻译项目的所有人。

——感谢曲枫(聊城大学北冰洋研究中心主任,聊城,中国)提议并与翻译团队完成翻译。

——感谢迈克尔·克努佩尔(Michael Knüppel)(聊城大学北冰洋研究中心成员,卡塞尔,德国)建立的沟通渠道。

——感谢罗宾·菲尔波特(Robin Philpot)(加拿大魁北克蒙特利尔巴拉卡图书出版社)与天津人民出版社协商协议时采取的周密措施。

——感谢罗斯玛丽·莱维·祖姆沃尔特(Rosemary Lévy Zumwalt)(美国佐治亚州迪凯特艾格尼丝·斯科特学院人类学荣誉教授兼荣誉院长),我的朋友兼同事,为我提供坚定而值得信赖的建议。

——感谢琳娜·韦伯·穆勒-威勒(Linna Weber Müller-Wille)(译者、编辑,加拿大魁北克省圣兰伯特市敏锐德皮尔斯优特出版公司),我的妻子兼同事,对我工作全心全意的支持和中肯的评判。

我希望本书能够吸引那些有兴趣探索不同文化和语言之间桥梁的读者,从而增进共同理解。

2021 年 10 月 27 日

路德·穆勒-威勒

(加拿大魁北克省蒙特利尔麦吉尔大学地理系退休教授)

序

　　弗朗兹·博厄斯被誉为北美人类学建立的核心人物。他在纽约哥伦比亚大学教授的学生遍布美国各地,这些学生或建立人类学系,或任职人类学系,或供职于博物馆,或在政府部门任职。他的部分学生名单读起来就像20世纪著名人类学家花名册:哥伦比亚大学的鲁斯·本尼迪克特(Ruth Benedict),布林莫尔学院的弗雷德里卡·德·拉古纳(Frederica de Laguna),西北大学的梅尔威勒·赫斯科维茨(Melville Herskovits),华盛顿大学的梅尔威勒·雅各布斯(Melville Jacobs),加州大学伯克利分校的阿尔弗雷德·路易斯·克罗伯(Alfred L. Kroeber)和罗伯特·罗维(R. H. Lowie),美国自然历史博物馆的玛格丽特·米德(Margaret Mead),巴纳德学院的格拉迪斯·理查德(Gladys Reichard),芝加哥大学、耶鲁大学的爱德华·萨丕尔(Edward Sapir),印第安人事务局的鲁斯·安德希尔(Ruth Underhill)。

　　博厄斯在他的研究与出版物中提出了人类学的核心概念与方向:文化概念,文化相对论,关注个体,研究语言,收集可以反映文化的神话和故事,研究作为文化价值核心的宗教和仪式,注重深入田野调查。博厄斯强调,搜集详细数据是文化科学研究的基础。他避开了宏大的理论,比如19世纪的文化进化论,这一理论按蒙昧、野蛮、文明将社会划分为不同等级。博厄斯摒弃等级社会分类,强调收集文化细节成分的重要性。

博厄斯坚定地认为人人平等,坚决维护妇女权利,提倡社会公平和种族平等。20世纪30年代,博厄斯疾病缠身,心脏病发作刚刚恢复,他就不辞辛苦地工作,对抗"北欧无稽之谈"(即所谓的雅利安人优越论)。他整理了在职业生涯中收集的关于移民及其子女体质测量的数据,以表明体质类型不是由假定的种族类别确定的,而是随着营养和生活环境的改善而改变的。作为一个受人尊敬的科学家,博厄斯要确保他的声音能够被清晰地听到。他利用讲坛向专业观众和大众媒体阐述自己观点,例如1931年6月他在美国科学促进会(AAAS)发表了关于"种族与进步"(Race and Progress)的主题

1885年,弗朗兹·博厄斯在德国明登的一个照相馆里展示了冰上捕猎海豹的情景(美国哲学学会;转载于 Boas 1888:478)

演讲。他撰写了许多公开信,其中最引人注目的是1933年3月27日写给魏玛共和国总统保罗·冯·兴登堡(Paul von Hindenburg)阁下的公开信,他在信中表达了对1933年3月23日颁布的授权法(Enabling Act)的看法,因为这部法规将立法权由国会移交给以希特勒为首的内阁。博厄斯是外国流亡学者紧急救助委员会(1933—1941)的创始人之一,他竭尽全力将流亡学者安置在美国各地的大学和学院,这些学者大部分是犹太人,还有一部分非犹太人。作为救助活动的一部分,在博厄斯帮助下,纽约社会研究新学院成立了流亡大学。博厄斯发表的文章《雅利安人与非雅利安人》(Aryans and Non-Aryans, 1933b, 1934a)被翻译为五种语言,印刷在葱皮纸上,在德国、奥地利、法国、瑞士、丹麦、挪威和瑞典广为传播。

　　1942年12月21日,博厄斯去世时,克洛德·列维-斯特劳斯(Claude Lévi-Strauss)正在出席博厄斯为他举办的午宴。他后来回忆说,他目睹了"19世纪最后的知识巨人"的逝去(1984:9)。当我们回忆弗朗兹·博厄斯时会想到:北美人类学资深的标志性人士;作为创始人,被誉为美国人类学之父;领域中的巨人。我们常常忽略,博厄斯开始在科学领域崭露头角时,虽然雄心勃勃、前途无量,但工作未卜。多年来,博厄斯一直努力寻找一份能让他"在纷乱的世界中工作并有所成就"的工作[APS/FBFP, 1883年6月4日写给玛丽·克拉科维泽(Marie Krackowizer)的信]。路德·穆勒-威勒（Ludger Müller – Wille）在这里所描写的与他的早期作品《1883—1884 年巴芬岛因纽特人中的弗朗兹·博厄斯：期刊和信件》(Franz Boas among the Inuit of Baffin Island 1883–1884：Journals & Letters, 1998) 所描述的一样，都可以将我们带回到 19 世纪 80 年代，那个时候年轻的博厄斯刚刚开启他的科学研究事业，在他父亲雇佣的仆人威廉·威克（Wilhelm Weike）的陪同下，于 1883—1884 年来到北极巴芬岛，对当地因纽特人进行了为期一年的科学考察，这也是他人生当中的第一次科学考察。

博厄斯越来越热衷于民族学研究，但他并未放弃地理学研究，他还为自己制定了一个目标，即通过不断发表学术文章使自己在领域中脱颖而出。在离开巴芬岛三年后，为了能在《科学》(Science) 杂志任职，博厄斯来到了美国。在此期间，他曾在纽约和华盛顿停留过几个月；后来返回德国看望家人并成功获得教授资格；最后在 1886 年 7 月再次起航前往纽约，在途中转向加拿大西北海岸，开始了对该地区的第一次实地考察。1887 年 1 月，从西北海岸返回纽约后，博厄斯来到《科学》编辑社，将文章《地理学研究》(The Study of Geography) 交给期刊主编霍奇斯（N. D. C. Hodges），两人共进晚餐，霍奇斯为他提供了一份期刊地理方面的助理编辑工作。博厄斯在新的国家找到了落脚点。从此以后，他再回到德国只是为了看望家人、朋友和同事。作为一个重感情的人，他的心仍然在两种不同的牵挂之间徘徊：一种是他在美国建立的家，另一种是他深爱的德国的家。路德·穆勒-威勒通过考察博厄斯在北美发表的鲜为人知的德语作品（1883—1894），使博厄斯能够用他的母语——德语向我们述说"因纽特人、北极与科学"（Inuit，Arctic，and Sciences）。

罗斯玛丽·莱维·祖姆沃尔特（Rosemary Lévy Zumwalt）

达洛尼加，2014年1月

荣誉院长

人类学荣誉教授

艾格尼丝·斯科特学院

迪凯特，美国佐治亚州

目　录

绪论：弗朗兹·博厄斯、因纽特人、北极与科学 ……………001

1."土地与人的基本关系"：
　　　地理和民族学范式 ………………………………………008

2.早期地理研究（1881—1883）：
　　　居住在北极的因纽特人 …………………………………022

3.北极研究与公众化（1883—1885）：
　　　德国和美国发表的文章 …………………………………027

4.与因纽特人和捕鲸人一起生活（1883—1884）：
　　　"我现在真的就像一个典型的爱斯基摩人" ……………037

5.地理学和民族学之路（1884—1886）：
　　　因纽特人、环境和信仰 …………………………………050

6.美国时期（1884.9—1885.3）：
　　　寻找科学依据和回应 ……………………………………054

7.重返德国（1885.3—1886.7）：
　　　探索和验证地理学的学术追求 …………………………060

8.巴芬岛调研和因纽特人地名(1885)：

　　专注地图设计和语言学习 …………………………068

9.变化莫测的北极地理(1886)：

　　景观和人类居住 …………………………………076

10.定居美国(1886—1888)：

　　民族学和地理学著作 ……………………………092

11.因纽特人的故事和词汇、北极冰和气候(1887—1894)：

　　文化、语言和自然评估 …………………………096

12.博厄斯的后世影响：

　　知识、科学和普遍平等 …………………………106

致谢 ……………………………………………………112
人员列表 ………………………………………………116
参考文献 ………………………………………………127

绪论：
弗朗兹·博厄斯、因纽特人、北极与科学

"……弗朗兹·博厄斯一直是个谜，作为一个人，他不被理解，作为一个人类学家，他还经常被误解。"

——小威廉·S.威利斯（William S. Willis, Jr.）

1883年8月下旬，25岁的德国科学家弗朗兹·博厄斯和他23岁的仆人威廉·威克登陆巴芬岛坎伯兰湾凯克滕岛（Kekerten Island）。他们与土著因纽特人及美国和苏格兰的捕鲸人共同生活，这些捕鲸人从19世纪60年代起就频繁光顾巴芬岛。

博厄斯即将开始为期一年的逗留，以便研究"因纽特人与北极环境的基本关系"（the elementary

弗朗兹·博厄斯就读基尔大学时，
德国，1880—1881年
（美国哲学学会）

relationships between Inuit and their Arctic environment）。这项工作是1882—1883年第一个国际极地年项目的一部分，德国作为12个参与国之一，在坎伯兰湾北部的一个临时研究站派遣了11个工作人员。参与此项考察活动的国际科学家群体被安排到北极的14个不同地点，以同步考察物理现象的方式来研究全球气候系统的复杂性和重要性。博厄斯研究主题和研究地点的选择一方面深受当时鼓励极地研究的科学氛围影响，另一方面是他想研究那些与西方文明鲜有接触的民族和文化。在他看来，坎伯兰湾的因纽特人与他的研究期望相符，尽管他们偶尔与苏格兰和美国的捕鲸者有接触。

早在19世纪初，外国探险家、不断扩张的现代捕鲸业的需求就困扰着坎伯兰湾的因纽特人。19世纪80年代，现代西方科学尤其是极地科学开始关注到因纽特人。所有这些外界因素都会影响因纽特人以后的生计和文化。这种关注也将对欧洲和北美现代自然和社会科学的出现及发展产生影响。与此同时，1880年，殖民国家英国刚刚将其对北极的统治主权移交给1867年成立的加拿大自治领。加拿大开始慢慢地适应了成为北极国家的挑战性任务。就在博厄斯逗留巴芬岛之后仅十年，圣公会传教士也抵达巴芬岛，并在很短的时间内成功地使因纽特人皈依基督教。加拿大政府逐步对北极地区实施控制，建立了机构和服务网络，以巩固其主权。随着时间的推移，外部商业和工业利益也随之增加，在因纽特人祖祖辈辈的家园——北极的陆地、水域和冰层——开采资源，导致有些资源甚至枯竭。

博厄斯的研究集中在环境、地理和民族问题上。他的研究计划得到了德国科学界的认可和鼓励。博厄斯在冬季前和返回后撰写的关于北极的新闻报道由《柏林日报》(*Berliner Tageblatt*)刊登,在德国国内广为流传。1884年9月初博厄斯离开巴芬岛,在美国停留一段时日后于1885年3月返回德国,他撰写了大量有关因纽特人和北极环境的科学研究论文。这些科研成果主要在德国出版,也有一小部分发表在美国的德语报纸。1886年7月博厄斯移居美国后,主要以英语发表作品,但也继续用德语写作。

博厄斯有关因纽特人和北极的德语学术出版物在北美鲜为人知。这些德语出版物中展示了他对因纽特人和北极环境研究的最新科学解释,同时可以向我们提供两类信息:一是了解年轻的博厄斯在德国大学受到的科学启发和在北极逗留期间的科学实践,二是瞥见因纽特人历史上的一个关键时期,即大约130年前西方殖民扩张到他们的家园时。迄今为止,这些德语的历史资料尚未引起充分关注。另一方面,博厄斯随后发表的有关因纽特人和北极的英文出版物受到了北美科学界和公众的广泛关注。事实上,它们成为现代因纽特人类学的基石,包括因纽特人在内的一代又一代的学生和学者以此为基础,将他们的研究融入因纽特人文化和历史之中。回顾博厄斯早期德语出版物可以让我们更深入地了解他的学术背景、研究方法和作为一名新兴的多学科科学家的思想。他是对北极民族进行系统研究的早期发起者,后来成为人类学的核心创始人,19世纪90年代末至20世纪40年代初,他在纽约哥伦比亚大学成立人类学系并推动其发展。

毫无疑问,博厄斯在科学史上发挥了举足轻重的作用。鉴于其对各个学科所做的大量专业贡献,及其成立的学术机构和组织,博厄斯被认为是北美将产生和接纳科学作为社会生活一部分的代表性人物。他对广泛而多样的研究问题的关注,他对精准方法的发展和应用,他作为教师和导师的广泛学术活动,他的大量出版物,他对种族、文化等社会问题的公共行动的投入,都体现出卓越的成就和影响力。与著名社会学家、民权活动家威廉·爱德华·伯格哈特·杜波依斯(W. E. B. Du Bois)的合作与交流,就是博厄斯推动关于种族、社会变革和生存权等的最好证明。1906年应杜波依斯邀请,博厄斯在亚特兰大大学(位于佐治亚州的一所黑人学校)毕业典礼上阐述了有关种族、社会变革和生存权等的观点(Zumwalt & Willis 2008)。

尽管我们对博厄斯有很多了解,但有关他个人和精神生活的某些方面至今仍是一个谜,这也一直是科学史学者和人类学学者广泛讨论的问题。这主要与博厄斯移居美国之前在德国所做的科学贡献有关,当时他已经是德国公认的科学家,并在严格的欧洲学术传统中获得了正式学位。

在北美,人类学史的学者经常把博厄斯看作美国人。他作为德国犹太人的个人和学术背景是公认的,但没有被充分探讨和理解。在某种程度上，这一直是，而且似乎仍然是语言和文化障碍的结果，这些障碍阻碍我们理解博厄斯完整的科学和文学作品，以及他在德国学术界深入的专业参与。在他早期的学术研究和随后的北极研究中，博厄斯对自然科学和社会科学表现出广泛的兴趣，无论是物理学、自然地理学和人文地理学、民族学还是哲学。他的出版物以及他在期刊上的按语和他当时的通信，都表明他在这些领域的成就和创新。

博厄斯利用他对因纽特人和北极的深入研究，在不同的地方广泛发表作品，以获得广泛的受众，并获得那些在类似领域工作的专家学者的接受和认可。他以无穷的精力从事这些活动，随着时间的推移，作为现代社会科学一部分的人类学产生了，博厄斯作为核心倡导者，把它发展成一门学科。他在工作中肯定了在同一新兴领域与他存在竞争的其他同僚所取得的成就。一些人类学史专家曾指出，博厄斯关于北极因纽特人的首次研究经历是他科学方向和哲学立场的一次重大转折，这促使他搁置精确科学研究，采纳描述科学、专注于文化的历史维度研究。博厄斯思想和实践的转变并不像一些历史学家所说的那样直接。事实上，博厄斯并没有忽视早期使用的科学方法，而是继续将空间、地理和环境主题，以及统计学应用，融入他后来对人类状况的研究和解释中。一些研究博厄斯学术传记的学者在很大程度上忽视了他科学道路的这一方面。

博厄斯对因纽特人的研究始于19世纪80年代更广的历史背

景下，当时正值西方对包括北极地区在内的所谓未知土地的发现和勘探不断扩大的政治和经济时期。他们认为土著民族是"原始和野蛮的"（primitive and wild），不如处于西方文明的民族。还认为土著民族的文化、语言和生计在文明碰撞中会很快消失。研究土著文化、抢救资料和知识，对于理解西方科学所定义的人性和历史的演变具有重要意义。在这方面，以地理学和民族学研究为代表的西方科学致力于在全球范围内对人类状况的研究，在很大程度上是土著人和西方殖民列强迅速扩大的领土利益之间不平衡关系的一部分，这些研究无视土著民族主权和自治。在柏林学习期间，博厄斯肯定关注了1884—1885年柏林国际会议，该会议屈服于新德意志帝国对殖民地的要求，将非洲和其他地区分割成殖民地。在国内外，德国宣扬强烈的民族主义和帝国主义政策。博厄斯不同意这些主张，并对这些事态发展持高度批评的态度。虽然北极地区似乎与这些事件相去甚远，但它们已被纳入向北延伸的殖民列强的结构中，北极土著民也要承受这些政策和影响。

在巴芬岛逗留期间，博厄斯开展了一项雄心勃勃的现代意义上的跨学科科学研究，即调查北极环境中的人类与环境关系。在仆人威廉·威克的帮助下，他通过测量和收集有关气候、潮汐波动、冰层和地形的数据，以及与因纽特人在陆上、水上、冰上广泛旅行来研究环境状况。他完全依赖因纽特人的智慧、知识和技能，经过与因纽特人密切接触，他对因纽特人的社会、经济、空间组织、环境知识、口述历史、语言和精神世界有了深刻认识。博厄斯对因纽特人——当时的叫法是爱斯基摩人①、土著人、野蛮人——的看法和印象,受到当时流行的优越性哲学假设的影响,这种优越感忽视所有人之间普遍平等的观念。简而言之,西方文明被视为比"未开化的其他文明"优越。

博厄斯第一次遇到因纽特人时也曾持有西方文明优越的态度,这一点在他早期的作品中可以窥见。尽管在孩提时代,他作为德国犹太人曾遭遇过反犹太人的歧视。根据血缘和宗教的假设,当时犹太人社区被单独隔离出来。对博厄斯来说,北极考察经历将增强他对人类普遍平等问题的关注。与因纽特人相处了一段时间后,他得出了这样的结论:他们是"……绝非不文明"。他的哲学立场的转变源于对因纽特人的生活态度的理性理解,这与他自己所受的康德和西方传统束缚的哲学教育没有本质上的区别。这种文化相对主义的范式成为博厄斯研究、创作和教学中的主要贡献之一。在他晚年的公共倡导中,他参与解决有关文化、种族和人类普遍平等的问题,与纳粹德国所表现的法西斯主义和种族主义意识形态作斗争。博厄斯的文化相对主义范式的建立基础是,博厄斯愿意学习和接纳其他种族的人以及尊重文化差异而不加评判。

路德·穆勒-威勒(Ludger Müller-Wille)

圣兰伯特(魁北克)加拿大,2014年1月

---

① 编者按:原版书中"Eskimo"和"Inuit"根据语境二者均使用,中文翻译中保留原貌。

1

"土地与人的基本关系"：
地理和民族学范式

弗朗兹·博厄斯于1888年出版巨著《中央爱斯基摩人》(*The Central Eskimo*)，这一英文著作对文化人类学和民俗学的发展具有开创性影响，更具体地说，是为北极人类学、爱斯基摩学、因纽特人类学和北美及其他地区的因纽特人研究奠定了基础(Krupnik 2014)。这部著作后来被反复引用，被认为是研究北美北极人类的科学尝试的重要起点(Freeman 1984)。这一评价忽视了博厄斯已于19世纪80年代在德国出版的大量重要的德语科研成果。在这些德语出版物中，他已经提出了自己研究因纽特人和北极环境之间关系的科学方法的基础。

在时间情境方面，博厄斯尤其受到地理学家弗里德里希·拉采尔(Friedrich Ratzel)及其"人类地理学"概念的影响。"人类地理学"是拉采尔创造的新词，它强调研究中要适当关注自然环境中人的因素。这是一种全新的方法(19世纪80年代称为现代地理学)，研究人与地球/环境之间相互作用和关系(Ratzel 1882)。这一概念对博厄斯的思想产生了相当大的影响(Speth 1978, 1999)。

事实上，它成为博厄斯在对北极因纽特人研究的基础上，开发的"生态进路"的科学框架，正如后来所称的那样，这种方法用来研究人类与环境的关系（Wenzel 1984：90-92，Müller-Wille 1994：30-32，Müller-Wille，ed. 1994：7-11，1998：11-15）。

博厄斯在1883年至1894年间出版的德语著作和论文，主要专注于因纽特人和北极环境，成为后人研究这一主题的非常有意义的必不可少的原始资料。这些作品对丹麦格陵兰传统所谓的爱斯基摩学，以及自20世纪70年代以来加拿大和其他地区的因纽特人研究（Études/Inuit/Studies 1977）影响深远。到20世纪80年代末，随着北极社会科学的出现，这些领域得到了更广泛意义的补充，以便适应对整个环北极地区日益增长的研究兴趣（Krupnik & Müller-Wille，eds. 2010），此时距离博厄斯在北极巴芬兰［今天的奇奇克塔卢克（Qikiqtaaluk）/巴芬岛］的科学考察已一百多年。

在为期一年的科学考察结束后，1885年博厄斯创作了第一本德语专著《巴芬兰》（Baffin-Land）。书中对他早期的科学范式做了简要概括："如果关注点是阐明人类生活状况对土地性质的依赖，那么我们需要非常精确地解释土地和人之间的基本关系，作为这一复杂现象的一部分。"（Boas 1885h：62）博厄斯后来成为著名的人类学家和社会科学家，他一直是科学史和文化人类学演变研讨的焦点。因此，毫不奇怪学者们对博厄斯在19世纪70年代和80年代在德国的早期教育和学术生涯特别感兴趣，这一时期的教育经历是《中央爱斯基摩人》创作的基石,学者们还研究了他是如何成为一个有影响力的社会科学家和学者的(e.g. Cole 1983, 1999, Cole & Müller-Wille 1984, Dürr et al. 1992, Espagne & Kalinowski 2013, Liss 1995, 1996, Müller-Wille 1983, ed. 2008, Saladin d'Anglure 1984, Stocking 1965, 1996)。然而尽管出版了许多关于博厄斯的生平评价和概述(e.g. Lowie 1947, Willis, Jr. 1972, Liss 1996, Cole 1999, Boas, N. 2004, Zumwalt 2013a, to name but a few),"……博厄斯一直是个谜,作为一个人,他不被理解,作为一个人类学家,他还经常被误解",小威廉·威利斯(William S. Willis, Jr.)1975年曾一针见血地指出(引自 Zumwalt & Willis, Jr. 2008:26)。博厄斯于1942年12月21日去世,在他去世70多年后情况似乎仍然如此。

博厄斯从出生到1883年6月,以及1885年3月至1886年7月,在德国工作生活;1883年6月至1884年9月,在北极巴芬岛考察;1884年9月至1885年3月,以及1886年7月至1942年12月去世,一直居住在美国。博厄斯才华横溢、著作颇丰,他出版及发表了大量德语和英语作品。1883年至1926年40多年的时间,他出版及发表了90部(篇)不同类型和篇幅的关于因纽特人和北极研究的作品,其中45部(篇)是德文的,45部(篇)是英文的(完整目录见参考书目;Müller-Wille 2014)。1883年至1888年是他第一个出版及发表高峰期,其中德文44部(篇),英文28部(篇),共72

部(篇),占90部(篇)的4/5。1889年至1926年,他出版及发表了18部(篇)作品,其中德文1部(篇),英文17部(篇)。

作品数量仅仅代表一个数值,并不能充分评价其质量和深度,博厄斯的作品篇幅从不足一页到几百页不等,常常带有许多珍贵的插图和地图。博厄斯一生出版或发表的作品共达725种(其中,711种是在1880年至1943年出版或发表的,14种未公开的由本文作者发现并核实)。以因纽特人和北极为主题及研究内容的作品约占其全部作品的12%。为了进行对比研究,博厄斯在许多其他作品中也提到了因纽特人和北极环境,介绍了民族学和地理学中的特殊方面与案例。

这些作品代表着博厄斯在地理学和民族学领域所做的大量工作,其工作重点围绕因纽特人、因纽特人文化和因纽特人生存的自然环境展开。博厄斯作品中有一半为科学期刊和丛刊论文,还有一本大部头的书;另一半是报纸和杂志上的新闻文章和随笔。显而易见,他以母语——德语出版(发表)的科学作品在很大程度上与当时的中欧学术传统相吻合。地理学的迅速发展也是原因之一,民族学或民俗学仍然被认为是地理学的一部分。在19世纪下半叶,地理学在欧洲,特别是在德国的大学里成为一门强势学科。几乎在德国所有层次的学校系统,都开设有或本地地理或区域(国家)地理或全球地理的课程。

为了核实和研究博厄斯19世纪80年代有关因纽特人和北极

的作品,以及他的日记、信件和去世后出版的手稿(Cole 1983,Müller-Wille,ed. 1992,1994,1998),阐述他的生平背景和学术出发点及职业生涯是非常重要的,因为这些都与他在研究中运用到的概念和方法有关联。

1858年7月9日博厄斯出生在德国明登(威斯特伐利亚)一个犹太家庭,他的父母在这里开了一家红火的纺织品商店(Boas, N. 2007:1-4)。博厄斯上了4年小学,9年文科中学,在1877年2月12日通过毕业考试,获得大学入学资格。这一天正好是查尔斯·达尔文(Charles Darwin)的生日,正如他所说,他永远不会忘记这一天。在文科中学要学习9门课程——德语、拉丁语、希腊语、法语、历史、地理、数学、物理和体育,成绩为"好"或"令人满意",数学方面的最好成绩为"优秀"。在体育课上,他作为体操运动员表现出色,是体操训练的示范人员,他在体育课上练就了日后生活中必不可少的技能和强健体格,比如应对在北极旅行时恶劣的自然环境对身体的挑战(APS/FBFP)。通过毕业考试获得毕业证书使他有资格在德国任何一所大学学习任何科目。

1877年夏季学期,博厄斯进入大学,先后在海德堡大学(1877)、波恩大学(1877—1879)和基尔大学(1879—1881)学习物理、化学、数学、地理、地质学、哲学,甚至还短暂学习过俄语。他获得了博士学位——哲学博士——主修物理,博士论文是物理学方面的内容,导师是古斯塔夫·卡斯滕(Gustav Karsten);辅修地理学和哲学,导师分别是西奥博尔德·费舍尔(Theobald Fischer)和本诺·埃尔德曼(Benno Erdmann)。1881年8月9日,他通过最终考试,以优异成绩获得证书,证书由基尔大学哲学学院院长阿尔伯特·拉登堡(Albert Ladenburg)亲自颁发。他的教授,同时也是他的论文评委,认为他的学位论文是"勤奋和敏锐的典范"(Boas 1881;APS/FBPP,FBFP)。

尽管有这样的学术赞扬,博厄斯还是觉得自己正处于知识的十字路口。他还没有找到自己的知识落脚点,也没有找到从事大学教授这一职业的着力点。此外,他也不确定自己是否想从事这样的职业。他的恐惧一定程度上源于强烈的公开反犹运动,博厄斯在基尔与迫害犹太人者有过负面的接触和争执。1881年7月初,为了增加就业机会,博厄斯报名参加了国家的地理和哲学考试,获得成为高中教师的资格。然而那年晚些时候,他放弃了成为高中教师的计划。因为他对自己的物理学博士论文还不甚满意,这篇论文的研究主题是波罗的海海水颜色变化。他认为这是一部中等作品(写给父母的信,1881年1月到7月,APS/FBFP)。获得博士学位后不久,他将纯物理学完全抛在一边,开始涉足心理物理学,在1881—1882年发表了大量文章(Andrews and others 1943:67),并于1881年10月1日开始了为期一年的义务兵役。

此时,博厄斯的研究兴趣再次转向先前感兴趣的地理学,特别是北美极地地区以及当地土著人——爱斯基摩人。1881年至

1882年,在明登服役期间,博厄斯住在他父母的家里,晚上有空闲时间读书,还可以摆脱白天兵营带来的无聊感(Cole & Müller-Wille 1984:40)。1882年4月4日,他写信给他以前的导师费舍尔说,他将放弃物理学和心理物理学,转而研究19世纪80年代早期所称的"现代地理学"(APS/FBPP;Cole & Müller-Wille 1984:40-41)。1882年5月14日,展望未来的研究方向时,他对妹妹海德薇(Hedwig)说,他在军队里唯一的消遣就是阅读"……断断续续……一些关于我的爱斯基摩人,然后做笔记"(APS/FBFP)。

博厄斯自己的学术阅读受到了当时极地科学研究浪潮的推动,以及新兴的1882—1883年举办的国际极地年(International polar Year)所带来机遇的鼓舞。德国极地委员会(German Polar Commission)及其科学家参与了这一首次国际科学计划,并参与了基于固定地点同步数据收集的全球协调网络。德国在北极的巴芬岛和拉布拉多以及亚南极海域的南乔治亚岛建立研究站并实施日常管理。事实上,弗朗兹·博厄斯很快就开始验证他自己对北极社会、北极人的生活和环境的猜想,1883年至1884年,弗朗兹·博厄斯和他的仆人威廉·威克在巴芬岛与因纽特人、一些美国和苏格兰捕鲸者共同生活一年。1882年9月至1883年9月,德国极地委员会在坎伯兰湾北端的金瓜(Kingua)建立了一个研究站,坎伯兰湾当时叫作"Tinijjuarvik",今天的因纽特语称为"Kangiqtu-aluk"(Cole & Müller-Wille 1984:38-41,Müller-Wille,ed. 1998:

6-11,85-90）。

在19世纪80年代早期的科学背景下，博厄斯的研究重点转向地理探索发现与制图学，关注自然地理学和人类地理学，并带有少量民族志学、民族学和体质人类学研究。到19世纪80年代中期，在他关键性的北极之旅后，博厄斯开始广泛地研究人类与环境之间的时空地理关系问题。曾和他一起参加过极地地理学研讨会的西奥博尔德·费舍尔，极力鼓励他的科研尝试。他写道："……他[博厄斯]可以，实际上，通过对爱斯基摩人迁徙及其原因的深入研究，极大地推动科学的发展。"（April 4,1882,APS/FBPP；Müller-Wille,ed. 1998:12）

1883年初，在前往北美北极之前，在费舍尔和其他人的激励下，博厄斯决定通过对因纽特人的研究来获得教授资格，这将是推进他在地理领域学术生涯的好时机。这个学衔将使他有资格成为编外讲师，这是获得职位的先决条件，即获得德国大学担任某一学科的全职教授的职位。在德国的大学体系中，教授资格相当于博士后学位，它是获得教授位置的必要条件。该程序要求提交一篇论文（教授资格论文）和其他已发表的作品，由评审员进行内部或外部评审。一旦评审通过，教授资格候选人将在所有教授面前进行教授资格演讲答辩，所有的教授将投票决定候选人的通过与否。成功的候选人被邀请举办公开的就职演讲，以获得特许任教资格，即编外教师授课的授权，通常是一个无薪的职位（参见 Fallon 1976:41-44）。

1884—1885年,博厄斯在美国短暂停留之后,于1886年6月在柏林进行教授资格答辩。随着答辩成功,博厄斯深深地沉浸于当时德国所理解的现代地理学概念,并受到了这些概念的影响。这一点在他不断扩大的研究、作品和不断发展的学术领域中更为明显,但那些非德语阅读的学者,主要是北美人类学家,包括那些广泛分析博厄斯学术和科学生涯的人(Stocking 1965),却普遍理解不了(Stocking 1965)。地理学家威廉·W.斯佩思(William W. Speth 1978,1999)强调在更广泛的历史背景下研究博厄斯对地理学的贡献,指出需要"……调查博厄斯派人类地理学在其各种表现形式中的持久性",就像肯特·马修森(Kent Mathewson 2002:380)在评价斯佩思作品时所写的那样。1947年,博厄斯在哥伦比亚大学的第一批博士生之一罗伯特·罗维说:"……多年来,我未能理解他(博厄斯)对地理因素的重视程度。"(Lowie 1947:313)事实上,博厄斯将绘制地图作为揭示地理维度和提供解释的重要性的一种手段,在他职业生涯的许多作品中都含有地图,几乎所有的地图都是他亲自测量、绘制或设计的。空间、环境与人的空间组织的可视化是他报告中一个不可分割的部分。

博厄斯将自己牢牢定位于地理学,以便于能够成功地完成学术计划,直到19世纪80年代后期,他才逐渐转向民族学、民俗学和人类科学。随着他定义了这一新的学科,博厄斯学派"人类科学"得以广泛传播(Broce 1973:32-35)。1883年,在研究方法和方法论方面,他发现自己既处于流行的地理研究方法(即探险队探险发现未知的土地),又处于固定的实地考察(即已经在极地科学中采用的田野调查)的新应用之间。他明确地选择了后一种方法,在他的《巴芬兰》一书的标题中,他将自己对因纽特人的研究称为研究之旅,而非探险(Boas 1885h)。

博厄斯的学术发展与他的个人成长以及他经历的变化和事件交织在一起,这些变化和事件对他当时及以后的时期产生了持久的影响(Cole 1999:38-62,83-104,Boas, N. 2004:20-40,Lowie 1947,Verne 2004,Bender-Wittmann 2007,Zumwalt 2013a)。这些事件包括:

博厄斯全家在明登,约1878—1880年;从左到右:弗朗兹·博厄斯、索菲(母亲)、迈尔(父亲)、安东尼和海德薇姐妹,安娜缺席(美国哲学学会)

（1）他对德国家庭——他的母
亲索菲（Sophie）和父亲迈尔（Mei-
er），姐姐安东尼（Antonie），妹妹海
德薇和安娜（Aenna）——以及对美
国纽约的玛丽·克拉科维泽（Marie
Krackowizer）的忠诚感情的此消彼
长。他于1881年在德国通过家庭
关系第一次遇见了玛丽·克拉科维

弗朗兹·博厄斯和玛丽·克拉科维
泽在纽约，1887年（美国哲学学会）

泽，并于1883年5月秘密订婚[Boas, N. 2004: 290-291, 295 and
Rabbi Bernhard Brilling（1966），关于弗朗兹·博厄斯的祖先以及他
的犹太-威斯特伐利亚家族的背景可追溯到17世纪]。

（2）他一生对家园的感情或者说是在语言、文化、哲学和地理
方面对德国及其历史和传统的认同感。比如，他的藏书票展示了
明登大教堂风貌，博厄斯家位于明登的住宅和百货商店与这个教
堂仅隔了一个市场。

（3）在他谋求长期学术（即公务员）职位时，德国社会和大学
中盛行的反犹太主义思维助长了对犹太人的歧视，阻碍了职业发
展。尽管犹太人得到了法律上的承认，但在当时的德国，未受洗
的犹太人仍然很难获得认可。博厄斯和他的家人经历了反犹主
义的爆发，他们清楚地意识到，在19世纪70年代和80年代，公众
反犹太人的思想和运动受到著名学者和基督教神职人员的拥护

和支持(Treitschke 1879,Stöcker 1885;参见 Mommsen 1880 了解强烈支持犹太人的言论)。

(4)他对知识和科学的态度严谨并全身投入(Lowie 1947:319),一生中,在德国和美国两种不同的文化和语言背景下不停研究。

(5)他的雄心壮志,指引着他的一生。1875 年,他还不到 17 岁,就在给姐姐安东尼的一封信中表达了他的雄心壮志,当时姐姐正在纽约拜访亲戚。他指出:"你在信中说我太有野心了。我告诉你,如果我以后没有真正成名,我将不知道我该做什么。对我来说,不得不默默无闻地度过我的一生是很可怕的。但我又害怕这些期望永远都不会实现。我自己也害怕这种对荣耀的渴望,但我无能为力。"(April 9,1875,APS/FBFP)

1877 年,博厄斯刚刚通过中学毕业考试,即将升入大学。他特意写信给安东尼,告诉她自己的学业计划:"我将在三年内完成博士学位,第二年通过国家考试(取得高中教师资格),然后我将参加教授资格答辩成为一名编外教师,这就是我现在的想法。"(March 18,1877,APS/FBFP)事实上,他并未偏离预定计划,除了后来花费一年的时间到北美极地地区开展因纽特人研究。

博厄斯非常清楚,为了塑造自己的学术生涯,当务之急是确定与当前科学进步相关的科研重点。在 19 世纪 80 年代早期,他受到德国大学,尤其是柏林大学中流行的关于极地科学和地理学(包括民俗学或民族学)的科学讨论的极大影响。1882 年至 1883

年期间，在柏林和其他地方，他结识了许多当时最有影响力的德国学者。他与西奥博尔德·费舍尔、阿尔弗雷德·基尔霍夫（Alfred Kirchhoff）、莫里茨·林德曼（Moritz Lindeman）、乔治·冯·诺伊迈尔（Georg von Neumayer）、弗里德里希·拉采尔、费迪南德·弗赖尔·冯·里奇霍芬（Ferdinand Freiherr von Richthofen）和赫尔曼·瓦格纳（Hermann Wagner）交流地理学和极地科学，与阿道夫·巴斯蒂安（Adolf Bastian）探讨民族学和民族志，与鲁道夫·冯·维尔楚（Rudolf von Virchow）和恩斯特·海克尔（Ernst Haeckel）讨论体质人类学、进化论和生态学，与赫尔曼·冯·亥姆霍兹（Hermann von Helmholtz）探究物理学和统计学。他还想攻读赫尔曼·冯·亥姆霍兹的博士学位。这一学术联系网络对他在北极的科学研究上的进步和成功非常有益，对其以后在弗雷德里希·威廉姆斯大学（Friedrich Wilhelms-Universität）（1949年以威廉和亚历山大·洪堡兄弟命名洪堡大学）的教授资格评审尤为重要，如果他想获得教授职位，这是必要的和不可或缺的敲门砖。

1883年4月27日，博厄斯在给未婚妻玛丽的一封信中指出，他计划将考察的重点放在"……人类迁徙范围对自然边界的依赖性……"并强调预期研究成果在科学上具有"最重要的意义"。他要让玛丽知道，他不仅仅是一个"具有冒险精神的人"或冒险进入北极的鲁莽的人（Müller-Wille, ed. 1998:38-39）。为了解因纽特人的生活，他清楚地知道需要研究人类行为和自然环境，以及它们之间的相互关系。博厄斯在离开之前就这些主题发表的最开始的两篇文章印证了他的方法。事实上，他将自己的科学抱负付诸实践，并通过出版或发表成果让相关学术界知晓。他的选题并不令人惊讶，因为在他完成博士研究之前，发表的第一篇文章就选择了关于地球地势起伏在当前变化的问题。可能由于家庭关系，这篇文章发表在纽约的一份《德美报纸》(*German-American newspaper*)上(Boas 1880)，这里正是他1886年7月定居的地方。这是否预示了以后的事情？

2

早期地理研究(1881—1883):
居住在北极的因纽特人

从1881年末到1883年初,即便是在一年的义务兵役期间,博厄斯也在为他的个人研究项目做准备,这些项目涉及北美北极地区的因纽特人和自然环境。1882年9月底退伍后,他搬到了柏林。在那里,他开始阅读所有可以找到的文献,主要是由英国和美国的探险家和科学家所写的关于北极群岛的因纽特人的文献,该群岛在1880年被英国移交给加拿大自治领。

博厄斯还开始学习巴芬岛因纽特人使用的因纽特语(Dorais 1996:45-52)。他研读一切可以得到的公开资料,这些资料是有关格陵兰岛和拉布拉多因纽特人语言的,他们所使用的语言与巴芬岛因纽特人语言具有亲属关系。他还学了一些基本的丹麦语,以便查阅用丹麦语撰写的关于因纽特文化的文献。他联系了英格兰和苏格兰的科学家、捕鲸者和政府人员,以获取有关当地情况的信息,并获得在坎伯兰湾的捕鲸站停留的许可。没有记录表明博厄斯与加拿大当局有联系(Cole & Müller-Wille 1984,Müller-Wille,ed. 1998: 4-18,Cole 1999:63-82,Krupnik & Müller-Wille 2010:378-380)。

在前期工作基础上，博厄斯撰写出关于因纽特人的第一篇科学论文（Boas 1883a-b），并于1882年11月提交等待发表。在他和仆人威廉·威克于1883年6月离开德国前往北极之前，1883年上半年，这篇论文拆为两篇分两期发表在著名的期刊《柏林地理学会》（*Society of Earth Science at Berlin*），每一篇中都附有一张彩色折叠地图。

博厄斯是他那个时代最早整理了所有关于因纽特人文献资料的科学家之一，这些资料主要是由英国人撰写的。在这2篇文章中，他系统地提出并分析了这些信息，还发表了1篇关于因纽特人在北极的分布、迁徙和居住情况的全面地理评估报告［Boas 1883a-b；later Ratzel（1887）仔细阅读并广泛引用了博厄斯的这些作品］。博厄斯探讨了一个假设，即因纽特人的人口分布、迁徙、定居类型、旅行路线和可再生资源的使用受到北极环境自然条件的时间波动的影响。他强调，一般来说，人口的流动和资源利用依赖于"……这些地区的气候和冰层状况的变化"，以及"……最重要的是……爱斯基摩人生活区域的分布取决于良好的（或其他）狩猎环境"（Boas 1883a:121–122）。

值得注意的是，博厄斯清楚地指出了人类活动与气候和其他环境条件之间的联系。另一方面值得一提的是，在对因纽特人进行积极研究之前，他对这种确定性评价持一定的怀疑态度，强调"……这类结论无法得到已知事实的充分支持"（Boas 1883a:119）。基于在后来的研究中收集到的证据，博厄斯明确强调了自然环境状况和人类行为之间的直接联系(Boas 1885h:62-90)。他证实,在北极环境中,冰层条件、海洋哺乳动物的分布和其他影响狩猎潜力的因素对因纽特人的定居模式、经济活动和社会组织有相当大的影响(Boas 1888e:417)。

在第一篇《关于爱斯基摩人在北极群岛的早期分布》(Concerning the earlier distribution of the Eskimos in the Arctic American Archipelago, Boas 1883a)文章中,博厄斯利用各种资料,如1875年的英版海图,校对整理了已发表的有关因纽特人在班克斯岛(Banks Land)和埃尔斯米尔岛(Ellesmere Land)之间,以及格陵兰东西海岸沿线22个不同地理位置分布情况的资料。通过在地图上描绘定居点的地理扩张,他强调了分布和迁移的空间限制问题,以及区分因纽特人的民族或部落的界限。鉴于可靠信息的不足,他认为"……人类分布的边界是波动的……",以及"……族群之间并没有固定明确界限"(Boas 1883a:121; updated and expanded in Boas 1888e:419-460)。

在第二篇《关于尼切利克爱斯基摩人的定居点》(Concerning the settlements of the Neitchillik-Eskimos, Boas 1883b)文章中,博厄斯选择了一个特定的因纽特人族群[奈特西里克爱斯基摩人,海豹之地的人(Netsilingmiut, People of the Land of Seals)],以证明已建立的交通路线与常用的、古老的旅行路线的重要性,这些路线常被用作土地、水和冰使用的区域范围标志。这篇文章所附的地图清

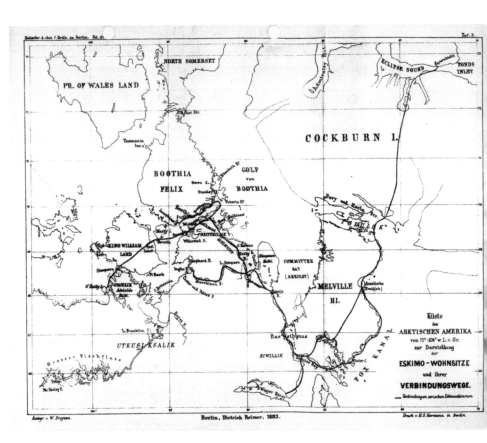

19世纪80年代北美洲北极地区因纽特人的定居点和旅行走廊
（Boas 1883b，插图3。原始尺寸：21.5cm×17cm）

楚地展现了因纽特人为了适应北极地貌而发展的模式。此外,根据 1819 年至 1880 年间各种探险家的语录,特别是威廉·E. 帕里(William E. Parry)和海因里希·克鲁斯查克(Heinrich Klutschak),博厄斯提到因纽特人通过使用地理名称将自己与他人区分开来,从而将自己与特定的区域领土联系在一起(Boas 1883b:223)。

在这两篇论文和另一份《关于坎伯兰湾爱斯基摩人的最新新闻》(Most recent news about the Eskimos of Cumberland Sound)的简短报告中(Boas 1883c),他回顾了 1877—1878 年豪盖特探险队(Howgate Expedition)的成果(Kumlien 1879),博厄斯确定了自己研究计划的基本部分,以及他想于 1883—1884 年在北极停留一年的计划。他的目的是搞清楚:在特定的自然条件下,作为人类与环境关系要素的定居和迁移模式。通过这些早期的文章,博厄斯也开始意识到"故事、传统和宗教信仰"口耳相传的价值。后来,他从因纽特人那里收集了这些资料,作为人类在文化、行为、历史、自然和空间方面的状况的记录(Boas 1887a,1888c,1888e:615ff)。博厄斯一生都在记录和分析土著民族的口述传统。在巴芬岛上与因纽特人一起进行研究时,他学会灵活调整他的计划,使他的研究适应当地环境和因纽特人的生活方式(Boas 1883d)。他的日记、信件和作品都证明了其研究过程的灵活性。这种适应的灵活性也塑造了他的研究方法和科学方向(Cole 1983,Cole & Müller-Wille 1984,Müller-Wille 1994,Müller-Wille,ed. 1994,1998)。

3

北极研究与公众化(1883—1885)：
德国和美国发表的文章

1882—1883年，博厄斯主要居住在柏林，他为未来一年的因纽特人研究做好了科学资料搜集和工作安排。这一研究是个人独立开展的。他当时处于失业状态，没有受雇于任何大学或博物馆，除非通过非正式的私人接触，否则很难获得公共财政支持。然而博厄斯的研究计划受到了地理和极地研究界的支持，尤其是德国极地委员会，该委员会负责德国参加1882—1883年国际极地年项目。乔治·冯·诺伊迈尔担任该委员会主席，向博厄斯和他的仆人威廉·威克提供了慷慨的实物支持(包括仪器、设备和给养)，准许他们在日耳曼尼亚号(Germania)自由行动。1882年9月，这艘轮船把德国极地研究站的工作人员带到坎伯兰湾，并将在1883年9月接回他们。作为对这一支持的回报，博厄斯同意与委员会分享并公布他的一些数据。事实上，唯一分享的只有博厄斯和威克的植物采集数据(Müller-Wille, ed.1998：85–86)。

1883年6月20日，博厄斯和威克随日耳曼尼亚号离开汉堡，在8月下旬到达坎伯兰湾。他们在凯克滕岛的苏格兰捕鲸站和坎伯兰湾附近的因纽特人定居点待了一段时间,直到1884年5月,他们穿过金奈特山口(Kingnait Pass)到达巴芬岛东海岸的戴维斯海峡。从5月19日到7月19日,他们沿着海岸向南然后向北,在基维东(Kivitung)扎营等待捕鲸者。8月28日,他们在冰缘登上一艘捕鲸船,在更远的南方短暂登陆,并于9月1日离开北极水域驶往纽芬兰的圣约翰。从那里,他们乘坐客轮前往加拿大新斯科舍省的哈利法克斯,然后继续前往美国纽约市,并于9月21日抵达纽约市。威克继续横穿大西洋,于1884年10月初到达明登。弗朗兹·博厄斯急忙来到纽约州北部博尔顿的阿尔玛农场,去见正在度假的未婚妻玛丽·克拉科维泽和她的家人(Boas, N. & Meyer 1999)。接下来的几个月里,博厄斯在纽约市停留,并多次前往华盛顿,在那里的图书馆开展研究,并在那里结识了科学家和北极探险家。他最终在1885年3月下旬回到了明登的家(关于巴芬岛的更多细节请参见 Cole & Müller-Wille 1984, Knötsch 1988;博厄斯和威克1883—1884年的原始日记英文版发表于 Müller-Wille, ed. 1998, Müller-Wille & Gieseking 2011)。

尽管得到了德国极地委员会的援助,他的父亲和其他亲戚也提供了可观的经济支持,博厄斯仍然需要额外的资金来支付他在北极暂住的预期费用。博厄斯家族在柏林,特别是在德国犹太社区内,拥有许多亲戚和广泛的商业关系。这些关系为博厄斯提供了资金资助方面的信息,即报纸有可能可以提供资金支持,因为

弗朗兹·博厄斯给玛丽·克拉科维泽展示的巴芬岛旅行路线图,1883年4月27日(素描:弗朗兹·博厄斯;美国哲学学会)

库克斯港，1883年6月21日驶往巴芬岛之前的最后一个德国港口
（素描：弗朗兹·博厄斯；美国哲学学会）

报纸热衷于报道极地探险的进展。博厄斯联系了《柏林日报》，在与该报所有者鲁道夫·莫斯（Rudolf Mosse）和总编亚瑟·莱维斯（Arthur Levysohn）进行了谈判后，他与《柏林日报》签了一份合同，担任其特约旅行记者。《柏林日报》成立于1872年，是中欧第一家全国性的新闻集团。根据合同，《柏林日报》获得了博厄斯从北极发回的所有新闻的独家发行权。虽然与博厄斯签订协议，《柏林日报》仍采取了审慎的措施来支持极地研究和探索，即从公众关注的祖国荣耀的视角，保持这些事件的曝光度，在介绍该系列的报纸社论中也提到这一点（Boas 1883–85，BT 3:2）。

旅行报告在当时非常流行。报纸热衷于与旅行者和探险家签约，让他们撰写在旅途中遇到的外国风土人情。好奇心的浪潮恰逢臭名昭著但利润丰厚的人种志展览（Völkerschauen），即在欧洲和北美的展览馆和动物园中展示来自各大洲的被称为"野蛮人和外来民族"的群体。1880年，第一批被从拉布拉多带到汉堡、柏林和其他城市的因纽特人就属于这些被"展览"的人;后来这些人都死于欧洲天花(Ullikab 2005)。博厄斯一定看过这些展览,很可能对这些展览非常熟悉。1886年初,他密切关注着来自加拿大不列颠哥伦比亚省的贝拉库拉人(Bella Coola),这些贝拉库拉人被带到了柏林博物馆。人种志展览在当时已经成为常事,他对这群贝拉库拉人开展了全面的人种学研究。这是他对加拿大西北海岸文化产生兴趣的开始(Cole 1999:97)。从记录来看,不清楚博厄斯是否考虑过与这一特殊研究行为有关的伦理问题,因为他的这一研究行为会对土著民族造成一定的胁迫(Harper 2000,Pöhl 2008)。

《柏林日报》新闻委员会解决了博厄斯的大部分财务困难,使他得以前往北极。博厄斯的父亲出高薪为儿子聘请了仆人兼助手威克,威克从1879年起就一直受雇于博厄斯家族。此外,博厄斯的父亲还为博厄斯向《柏林日报》交纳了履约保证金。尽管如此,博厄斯还是对这个委员会不太满意,他在1883年4月3日给父母写信说:"我很好奇《柏林日报》会给我多少报酬。如果报酬不高,我向自己保证再也不接受这样的调查报告,因为这是一项讨厌的工作。"(APS/FBFP)协议要求博厄斯在出发前提交三篇"试用文章(trial articles)",如果这些文章被接受并刊登,他还要在冬季前和返回后提交15篇有关北极的文章(Boas 1883—1885,参考书目中列为BT 1–18;Boas 2009中的BT 3–18翻译为英文)。他发表了关于地理状况和极地探险的"试用文章"（BT 1-3），这些文章被另行支付报酬。通过这项测试后，《柏林日报》以每篇200马克购买博厄斯文章，总共预付了3000马克——这在当时是一笔可观的收入。博厄斯在巴芬岛发回4篇文章，是由1883年10月初离开坎伯兰湾的返航船带回的（BT 4,6-8）。其余作品是他于1884年9月至1885年4月（BT 9-18）期间从北极返回后提交的。

经过近两年的大量新闻报道及一系列优秀作品的发表，《柏林日报》还将他的文章与地方报纸联合发表，博厄斯在整个讲德语的中欧赢得了广大读者。因此，博厄斯作为作家、旅行者和科学家而闻名。他普及了地理学和极地科学，拓展了关于因纽特人、因纽特文化和因纽特生存环境的基本知识。他还介绍了不断扩大的外部商业活动情况，例如19世纪在北美洲北极水域开展的捕鲸活动。

1884年9月下旬到达纽约市后，博厄斯还打算在美国报纸上发表德语和英语文章。博厄斯姨妈的鳏夫，他的姨父亚伯拉罕·雅可比（Abraham Jacobi），代表博厄斯联系了《纽约州报》（*New Yorker Staats-Zeitung*）周日版的编辑约翰·里提格（John Rittig），询问他是否对此类文章感兴趣。里提格在1884年10月11日回信说，他只能接受原创文章，不会转载《柏林日报》已发表的文章。《纽约州报》目前正在刊登埃米尔·贝塞尔（Emil Bessels）关于北极探险的系列文章，但他将考虑稍后刊登（致雅各比的信，APS/FBPP）。

1885年1月18日,博厄斯从华盛顿写信给他的父母,说他已经计划向《纽约州报》提交10篇系列文章(APS/FBFP)。这个雄心勃勃的计划只被那家报纸部分接受,该报纸只在1885年1月18日到3月2日的双周周日版上发表了博厄斯的4篇独立文章。在这些作品中,博厄斯关注的是欧洲发现的坎伯兰湾(Boas 1885a)和北极的年度季节(Boas 1885b;English translation in Boas 2009:54-66)。他在1885年1月27日给父母的一封信中提到,他觉得这些文章比他为《柏林日报》写的文章更好、更全面(APS/FBFP)。

以1884年10月在纽约市的一次演讲为基础,1885年1月,博厄斯发表了第一篇英文文章《1883—1884年坎伯兰湾和戴维斯海峡西岸之旅》(A Journey in Cumberland Sound and on the West Shore of Davis Strait in 1883 and 1884,Boas 1884a)。随后,《纽约晚邮报》(New York Evening Post)、《大众科学月刊》(Popular Science Monthly)和《科学》(Science)都刊登了他的几篇英语文章(Andrews and others 1943:68-69)。博厄斯还与美国北极探险家乔治·W.梅尔威勒(George W. Melville)就到达北极点是否有用展开了公开辩论,博厄斯并没有把这作为优先考虑的事情(letter to Marie,February 11,1885,APS/FBFP,Boas 1885n-o)。这些作品无疑使博厄斯和他的北极经历为纽约市和华盛顿的公众所知,使他在美国获得了第一份工作,1887年1月在《科学》周刊开始担任助理编辑。

这些新闻活动为博厄斯带来了一些急需的收入,并使他减少了对父亲的依赖,父亲曾在他失业期间持续为他提供资金支持。《柏林日报》已预先支付了一笔不菲的费用,以获得博厄斯在北极的新闻报道所有权。事实上,到1885年1月4日,博厄斯只提交了15份报告中的13份(BT 4-16)。博厄斯在1885年3月底回到柏林并提交了最后2篇文章(BT 17-18),才完成和《柏林日报》的合约。

1883年,博厄斯和《柏林日报》已经产生了矛盾,当时他觉得《柏林日报》支付给他"试用文章"的报酬少得可怜,只有120马克(letter to parents, April 15, 1883, APS/FBFP)。1884年9月7日,博厄斯从纽芬兰的圣约翰给《柏林日报》发电报,宣布他要从北极返回。当时,似乎是《柏林日报》的一名记者对博厄斯的父亲说了一些鲁莽的话,声称《柏林日报》曾为博厄斯北极考察提供了装备,博厄斯认为这是《柏林日报》扭曲事实。在1884年9月25日和10月3日写给父母的信中,也显示出博厄斯和《柏林日报》之间的紧张关系。他对尚未收到所有文章的副本表示恼火。他向《柏林日报》总编辑发出了严厉的申诉(APS/FBFP, Zumwalt 2013b)。显然,博厄斯对他的赞助商很不耐烦,甚至粗鲁,《柏林日报》主编莱维斯(Levysohn)觉得有必要立即回应,他说博厄斯反馈的情况"令人不安",他本人已经亲自解决了已发表文章存在的这种情况(BT 9,编者按)。1884年10月14日写给博厄斯的信中,莱维斯提到"……不值得在这件事上多费笔墨,纠缠不清。彼此之间并没有敌意!"(APS/FBPP)通过这一系列的报纸文章,博厄斯积累了广泛的材料,他以此为基础撰写了各种短文,尤其是他的两部即将出版的主要作品(Boas 1885h,1888e),他早在1884年末就开始计划出版这两部作品了。有时他想同时写两份手稿,一份用德语,另一份用英语,但他放弃了这种做法。英语写作仍然带给他相当大的麻烦和痛苦(Cole 1999:90)。所有24篇德文文章,包括18篇刊登在《柏林日报》上的,4篇刊登在《纽约州报》上的,以及另外2篇简短的通讯(1883d,1884a),都涵盖了特定科学主题以及他在北极考察期间先后发生的事情。它们是博厄斯在极地科学、地理学和民族学领域对北极地区的人类和环境方面敏锐洞察力的证据。

1883年3月下旬,博厄斯报道了在法兰克福举行的第三届德国地理学家大会(Third German Assembly of Geographers),开启了他的新闻生涯。在提交给《柏林日报》的2篇试用文章中(BT 1-2),博厄斯概述了德国大学和学校存在的地理学现状。针对现状,他讨论了一系列问题,诸如:从本地地理、国家地理到全球地理科学的角度研究田野和地理教学方法。在1882—1883年国际极地年期间召开的年会对极地科学给予了极大关注,拉采尔和冯·诺伊迈尔出席了会议。在拉采尔的演讲《极地研究对地理学的重要性》(The Importance of Polar Research for Geography)中,他提到了1865年德国地理学家的第一次会议,并强调了那次会议之后发生的重大转变。极地地区研究从探险式研究转变到定点研究。一个国际科学组织提议,以同步方式在不同的固定地点进行测量试验(Ratzel 1883)。通过这种方式,科学,特别是极地科学,可以得到发展,正如一项决议所述,"恢复极地研究符合科学和[德国]民族的利益"(BT 1:3)。除了与拉采尔和其他有影响力的地理学家会面之外,博厄斯尤其深受拉采尔演讲的影响。他随后在北极研究中采用的研究方法就是受到拉采尔影响(Cole & Müller-Wille 1984:41)。1883 年 5 月 2 日,博厄斯在写给纽约雅可比的信中表达了他对地理学的热爱:"……事实上,无论好坏,我必须从地理学家开始,因为,毕竟这是我研究透彻的科学。"(APS / FBFP)

在其中 2 篇委托发表的文章中,博厄斯暂时忽略了极地科学方法论的重大转变,即从纯粹的地理探索,比如为了国家荣誉而到达北极,转向了固定的、精心设计的基础研究。在这 2 篇文章中,他深入研究了从 16 世纪到 19 世纪 80 年代早期的北美北极探险史(BT 3,5;1885 年)。在第二篇文章中,《柏林日报》补充了一个简短的编者按语,该按语称"……向我们的读者介绍我们勇敢的旅行者[博厄斯]要去的地区"(BT 5:1)。

4

与因纽特人和捕鲸人一起生活（1883—1884）：
"我现在真的就像一个典型的爱斯基摩人"

与《柏林日报》签订的合同要求博厄斯利用任何可能的机会将他的旅行报告送回柏林发表。在坎伯兰湾与世隔绝地越冬之前，他有三次机会寄出报告、信件和材料：1883年6月27日，一艘渔船从苏格兰北端的斯特洛马（Stroma）出发；9月16日日耳曼尼亚号从坎伯兰湾出发；10月3日，凯瑟琳号（Catherine）捕鲸补给船把他的信件送到了巴芬岛。发出的信件需要五到六个星期才能到达德国。到10月初，博厄斯已经成功发送了5篇文章，这些文章在1883年8月4日至11月25日期间刊登发表（BT 4,6-8）。在巴芬岛待了12个月后，他于1884年9月7日到达纽芬兰的圣约翰，然后于9月21日到达纽约市。从圣约翰，他又寄出1份报告到德国，还有7份从纽约寄出。1885年3月，他回到德国，提交了最后2份报告。剩余的9篇委托报告（BT 9-18）刊登于1884年9月28日至1885年4月27日。

博厄斯的报告通常以编辑注释的形式进行介绍，并附有事实解释，从而将文章作为系列文章联系起来，以便读者容易理解。博厄斯很清楚,在文章发表之前,他是无法查看和修改任何校样的。不幸的是,由于编辑和排版人员可能难以辨认他的笔迹,发表的文章中有许多名字的错误和拼写错误,例如 Paquistu = Pangnirtung (BT 12)和 Anamitung = Anarnitung (BT 16)。后来,博厄斯在他个人收藏的文章副本中添加了他自己的手写更正(APS/ FBPP)。

《柏林日报》对博厄斯进行了全面地报道,并在1883年9月4日星期六的头版刊登了博厄斯的第一篇游记《驶向极地海》(Towards The Polar Sea)(BT 4)。其中讲述了经过苏格兰海上航行的第一阶段。纯属偶然,但不幸的是,博厄斯的文章与《柏林日报》社论共享头版,该社论全面报道了1882—1883年奥匈帝国蒂萨埃斯拉尔(Tisza-Eszlar)"反犹太诉讼案的结局"(the end of the anti-Semitic court case)。在那起案件中,犹太人被错误地指控谋杀了一名年轻女子(Jewish Encyclopedia 1906)。当天新闻事件的冲击是最引人注目的,也是最具有警醒意义的。

现在已经公开的博厄斯(Müller-Wille, ed. 1994, 1998; Boas 2007)和威克(Müller-Wille & Gieseking, eds. 2008, 2011)的德语和英语日记和信件,详细叙述了他们在1883—1884年间在巴芬岛与因纽特人及捕鲸人共同生活和工作的12个月的每一天。博厄斯和威克从未打算出版这些日记和信件。博厄斯的《北欧旅行报告》(Nordic Travel Reports)和给《柏林日报》的素描图显然取材于他的日记,并以一种适合于德国公众的风格和语言进行改写。然而博厄斯没有足够的篇幅来全面分析情况和事件。

在最初的2份旅行报告(BT 4,6)中,博厄斯描述了日耳曼尼亚号从汉堡到坎伯兰湾入口的航行,在那里他们撞上了冰,不得不在1883年8月28日到达凯克滕岛和苏格兰捕鲸站之前航行了一个月。为了让读者更好地了解北美北极地区的情况,《柏林日报》穿插了博厄斯早些时候写的一篇文章(BT 5),其中描述了1845—1847年英国的约翰·富兰克林爵士(Sir John Franklin)和1871—1873年美国的查尔斯·弗朗西斯·霍尔(Charles Francis Hall)进行的极地探险。两次探险都以致命的损失而悲剧收场。

在后来的文章中(BT 7),博厄斯生动地描述了他们到达巴芬岛的情况。他第一次提到的因纽特人是因纽特女人,他称她们为"sonderbare Gestalten",是一种奇特的生物,她们迅速登上日耳曼尼亚号参观和交易。他用"爱斯基摩人"来称呼因纽特人,但在一些地方,因纽特人是他们自己给的专有名称。博厄斯还介绍了坎伯兰湾北端的德国极地研究站的访问情况,以及该研究站人员返回德国的情况。在这次短途旅行中,他被北极的环境所征服,并写道"呈现出的景观太神秘了"(BT 7)。

博厄斯又发送了一份简短报告(BT 8)和一封信(Boas 1883d)给柏林地理学家协会(Berlin Society of Geographers),报告和信件由当季度最后一艘驶往苏格兰的船送出,他知道在接下来的11~12个月里,他将与外界失去联系。在报告中,他表达了自己在试图开展研究时遇到的挫折,包括在试图雇用当地因纽特人为他工作时遇到的困难。《柏林日报》的编辑则更为乐观,他在引言中表示,这篇简短的报道是"由我们冰天雪地里有一颗勇敢的心的旅行者"发送的(BT 8)。

大约一年后,博厄斯到达纽芬兰的圣约翰后,又开始写他的报告。他简要地概述了与因纽特人及威廉·威克一起乘船、徒步,但主要是狗拉雪橇,在冰雪覆盖的大地上进行的大量旅行(BT 9)。那篇文章还附有博厄斯首次公开的草图,这份草图是基于他自己的制图工作手绘而成,其中概述了巴芬岛南部沿海地区迄今未知的细节。这张地图覆盖了南北500千米、东西250千米的区域,即约12.5万平方千米,博厄斯和威克曾在这片土地上行驶了近1500千米。这张地图是博厄斯后来制作和出版的详细地图的前身(Boas 1884a,1885h)。它包含了9个英国地名[包括一个错误分配的福克斯湾,实际上是金奈峡湾(Kingnait Fiord)],2个因纽特人的名字,坎伯兰湾的凯克滕岛[Kikkerton (Kekerten) Islands]和戴维斯海峡的努德隆角(Nudlung)(BT 9)。在报告的结尾,博厄斯指出了他对民族志的兴趣,自信地说:"因为我对当地的方言非常熟悉,我成功地搜集到了爱斯基摩人的故事、宗教信仰和风俗方面的丰富材料。"(BT 9:2,Boas 1885b,Part II and BT 13,18;Boas 1887a,1888c,e;Zumwalt 1982)在1885年4月28日写给辛里奇·约翰内斯·林克(Hinrich Johannes Rink)的一封信以及后来的一份出版物中,博厄斯不再那么肯定自己研究因纽特人的能力和水平(letter to Rink,RLC,Boas 1894a:97;Krupnik & Müller-Wille 2010:380-381)。

在1884年9月28日至1885年1月4日之间的8份报告中,1885年4月3日和27日的2份报告中,以及另1份简短的通讯中,博厄斯叙述了1883年10月至1884年8月在巴芬岛发生的事情和旅行(BT 9-18,Boas 1884b)。首先,他讨论了欧洲和美国捕鲸的历史,以及因纽特人对这些强行闯入的活动的日益融合和依赖。博厄斯可能做了一个草率的判断,即他声称这里"……看似取之不尽、用之不竭的丰富鲸鱼吸引了整个船队,并赋予这块土地在世界贸易中的重要地位"(BT 10:7)。很快他就会改变这一判断,因为他意识到北极捕鲸活动会大幅下降甚至最终停止(Boas 1885h:32-33)。他观察到目前的捕鲸活动已经极大地改变了因纽特人的生活、生存和文化(BT 11)。一份报告中叙述了他于秋天乘船在坎伯兰湾和庞纳唐海峡(Pangnirtung Fiord)旅行(BT 12),当时威克冻伤了,他们在捕鲸站耽搁数月。另一份报告中描述了与因纽特人乘狗拉雪橇在海湾许多地方以及戴维斯海峡沿岸旅行,最后在短暂的夏季停留于基维东(Kivitung)营地,从这里博厄斯和威克离开了北极(BT 17)。

对于《柏林日报》的读者来说,博厄斯在他最后一份旅行报告的最后一句话中总结了他的经历和他对因纽特人的研究:"由于我与土著人的亲密联系,这片广袤地区的众多爱斯基摩部落对我来说已经非常熟悉了。作为他们中的一员共同生活,我对他们的宗教信仰、习俗和传统有了相当令人满意的了解,并收集这些人拥有的极其丰富的故事,这些人不仅为了生计与荒凉的自然作斗争,还懂得通过欢快的聚会、音乐、舞蹈来美化他们的存在。"(BT 17:5)

《柏林日报》标题页和弗朗兹·博厄斯一篇文章部分内容,1883年8月4日
(明登历史博物馆,地理学和民俗学,2008年复制版)

弗朗兹·博厄斯和一名水手在巴芬岛海岸附近的日耳曼尼亚号上,1883年8
月6日(照片:威廉·威克;美国哲学学会)

位于巴芬岛坎伯兰湾金瓜的德国极地研究站,1882—1883年
(德国联邦海事和水文局,前身是德国海事天文台,汉堡;
档案:德国极地委员会)

弗朗兹·博厄斯日记(1883年6月—1884年9月)
藏于美国哲学学会图书馆,费城,宾夕法尼亚州
(照片:路德·穆勒–威勒,1983年8月)

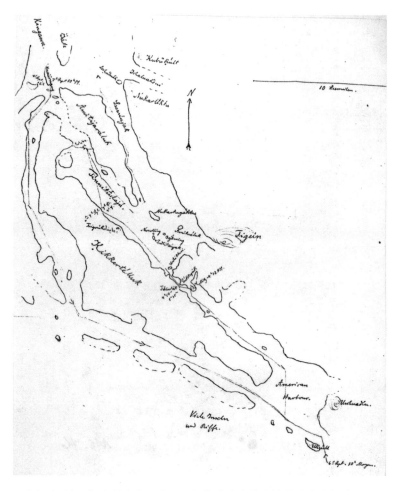

弗朗兹·博厄斯绘制的第一张以因纽特地名命名的坎伯兰湾北部地区的
勘测地图，1883 年 9 月 6 日

（绘图：弗朗兹·博厄斯；德国联邦海事和水文局。原始尺寸：17cm×20.5cm）

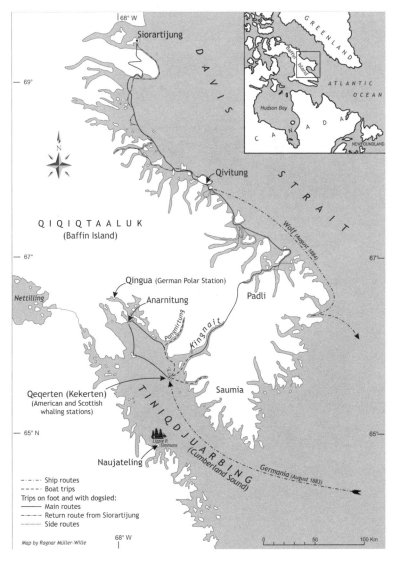

弗朗兹·博厄斯和威廉·威克巴芬岛旅行路线图,1883—1884 年
（Boas 1885h,插图 1;设计与制图:拉格纳·穆勒-威勒）

从苏格兰捕鲸站向北眺望凯克滕港(从左到右)的凯瑟琳号、日耳曼尼亚号和利兹·篇·西蒙斯号,约1883年9月13—15日
(照片:弗朗兹·博厄斯;美国哲学学会)

1883年10月16日,坎伯兰湾乌贾拉苏格朱林(Ujarasugdjuling)午休;威廉·威克(左)和三个因纽特人同伴,按名字字母排序依次为:纳乔贾斯基(Nachojaschi)、西加(Signa)和乌蒂亚克(Utütiak)(照片:弗朗兹·博厄斯;美国哲学学会)。博厄斯在巴芬岛成功地给因纽特人拍摄了三张照片,这是其中的一张。

1883年10月在坎伯兰湾的苏皮维索唐(Supivisortung)露营；
威廉·威克(左)与纳乔贾斯基、西加和乌蒂亚克
（照片：弗朗兹·博厄斯；美国哲学学会）

纳乔贾斯基、西加和乌蒂亚克登上博厄斯的玛丽号穿越浮冰，
坎伯兰湾，1883年10月
（照片：弗朗兹·博厄斯；美国哲学学会）

1885年左右,威廉·威克在德国明登的一家摄影室手拿狗鞭(美国哲学学会)

1885年,弗朗兹·博厄斯在德国明登一家摄影室模仿用标枪在冰上捕猎海豹
(美国哲学学会;Boas 1888:476)

马克·通吉利克(Mark Tungilik)在西北行政区(努纳武特)里帕尔斯贝的冰上
呼吸孔用标枪捕猎海豹,1973年11月14日(照片:路德·穆勒–威勒)

巴芬岛戴维斯海峡一个冰封的峡湾上的猎人、狗队和冰屋,1884年6月
(绘图:弗朗兹·博厄斯;美国哲学学会)

5

地理学和民族学之路(1884—1886)：
因纽特人、环境和信仰

与因纽特人和捕鲸人的旅居结束后，从1884年9月22日到1885年3月14日，博厄斯在美国待了近6个月，乘多瑙号(Donau)客轮穿越大西洋返回德国。他在不来梅港登陆，母亲在那里迎接他，3月26日凌晨到达他的家乡明登。他已经离开家超过21个月。博厄斯没有立即返回德国的原因既有个人原因也有职业原因(Cole 1999：83-104，Boas，N. 2004：72-97)。

博厄斯在美国逗留期间可以和玛丽及亲戚住在一起。他还与活跃在极地科学、普通民族学和民族志学领域的公认的科学家和探险家建立了私人联系。在这段时间里，博厄斯不仅熟悉了美国的大学、图书馆、博物馆、专业协会和政府研究机构，还提高了对科学文献和民族志收藏的熟悉程度。这项工作有助于补充他自己的材料，博厄斯打算尽快用德语和英语出版自己的材料。此外，当时博厄斯迫切需要提高自己的英语口语和书写能力，以便在授课和撰写稿件时能够独立于翻译和调解员。

在美国第一次逗留期间，博厄斯在纽约待了好几个星期，其间他拜访了亲戚、熟人和未来的岳父母。他还多次前往华盛顿，并短暂地去了康涅狄格州的纽黑文和格罗顿，在那里采访了去过北极的捕鲸船长和水手。这段时间他的日程安排非常紧张。与此同时，他的家人和支持他的德国同事希望他返回德国的压力大大增加。

回到德国，获得教授资格，不仅可以使他的父母满意，而且可以提高他自己的学术地位并增加其就业机会。与国内外学者的联系日益密切，这正成为博厄斯毕生维系和珍惜的财富。然而博厄斯不确定德国是否是自己职业生涯的最佳地点，因为那里的民族主义情绪高涨，1884年11月7日，他在给父母的一封信中称之为民族事业的可悲政治（armselige Politik der nationalen Sache）（APS/FBFP）。自1870—1871年法德战争胜利后，1871年1月德国第二帝国建立以来，民族主义运动愈演愈烈。现在，普鲁士国王凯撒·威廉一世（Kaiser Wilhelm I）和德意志帝国宰相奥托·冯·俾斯麦（Otto von Bismarck）执掌了新统一的帝国。在谈到以前的教授费舍尔所持政治立场时，博厄斯将这项运动称为对新的神圣的德意志帝国的痴迷（letter to parents, January 8, 1885, APS/FBFP）。正如他在1885年1月18日写给玛丽的信中强调的那样，这显然是博厄斯既不能赞同也不能容忍的一种意识形态。此外，德国的教授职位不能满足他对自己职业生涯的新愿景（APS/FBFP, Zumwalt 2013b）。德国教授是一名公务员，必须遵守一套严格的规定,为国家和公众服务。即便如此,博厄斯经过一番波折后,仍获得教授资格,这确实令人吃惊。然而他已经把自己投入到学术研究中去了,并且打算坚持下去。他的成功将会带来无可挑剔的学术和科学认可。

对博厄斯来说,一个主要的问题是他在美国或德国没有任何工作或收入,除了偶尔会获得新闻活动、演讲活动和出版的报酬。他仍然依靠父亲的慷慨解囊资助他的学术、科学研究和梦想。博厄斯努力寻求这个领域的任何(职位)空缺、建议和机会,但却没有任何实质性的成功。因此,博厄斯需要一个双轨策略,以增加在德国或美国获得工作的可能性。他希望这一策略可以增加作出合理选择的可能性,即哪个国家可以为定居、建立家庭和获得令人满意又富有成效的职业提供最佳前景。

最后,在德国待了15个月后,博厄斯于1886年7月移民到了美国。事实上,他在去北极之前就已经下定决心了,在给玛丽的信中表达了自己的个人感受(1883年5月9日,APS/FBFP)。但这并不是说,其他因素,如紧张的学术就业市场、专业竞争和嫉妒、政治环境和日益增长的反犹太敌对情绪,对博厄斯的选择没有影响。他在德国需要忍受所有这些状况(Cole 1999, Verne 2004),随后在美国也将面临这些状况(Zumwalt 2013a)。尽管如此,博厄斯还是在旧世界和新世界之间徘徊。1885年1月9日,他在华盛顿给玛丽写了一封关于留在美国的信:"我想学习和教书,我知道这里是一个鼓励科学研究的地方。"几天后,1月14日,他试图安抚想让他回家的父母:"我已经答应你们,在我了解德国的情况之前,不会留在这里。"(APS/FBFP)

6

美国时期(1884.9—1885.3):
寻找科学依据和回应

1884—1885年的秋冬期间,博厄斯在美国受到多家机构的邀请,公开讲述他在北极与因纽特人和捕鲸者的相关经历和研究。当时人们对这个话题很感兴趣。例如,1884年6月,作为1882—1883年国际极地年的一部分,雷德富兰克林海湾探险队(Lady Franklin Bay Expedition)驻扎在埃尔斯米尔岛(Ellesmere Island)的哈森湖(Lake Hazen),队长阿道弗斯·格里利(Adolphus Greely)和5名男子历经3年磨难而获救,19名船员遇难(Guttridge 2000)。回到家乡,纽约美国地理学会的北极会议(Arctic Meeting of the American Geographical Society of New York)于1884年11月21日为幸存者举办了盛大的欢迎会。博厄斯参加了这次会议,并结识了美国极地探险家和科学家协会的几位成员。他的姨夫雅可比和卡尔·舒尔茨(Carl Schurz)是德国"四八年人"(German Forty Eighters,指因1848年革命失败流亡美国的德意志自由和民族主义者),关注博厄斯的兴趣,为他牵线搭桥,并安排他为科学团体和机构演讲,包括纽约市和华盛顿的哥伦比亚学院/大学(letter to Antonie，October 29，and to parents，November 22，1884，APS/FBFP）。

纽约德国社会科学协会（German Social-Scientific Association of New York）邀请博厄斯于11月5日就爱斯基摩人的风俗发表演讲（Boas 1884c）。他的第一次演讲有300人参加，并获得了50美元的优厚报酬。他的演讲在《纽约时报》上得到了好评，这是博厄斯的名字第一次出现在这份报纸上（letter to parents，October 7 and November 7，1884，APS/FBFP）。

1884年11下旬，博厄斯在纽约美国地理学会作了一次正式报告，题目为《1883—1884年坎伯兰湾和戴维斯海峡西岸之旅》（A Journey in Cumberland Sound and on the West Shore of Davis Strait in 1883 and 1884）（Boas 1884a），其中详细描述了他在巴芬岛的旅行、调查和研究（letter to parents，October 3，1884，APS/FB-FP）。这份报告发表时还附有博厄斯在巴芬岛精确测绘的总览图，作为比较，还另外附有最新的1875年的英版海图的海岸等高线。两张地图海岸等高线在细节和精确度上有相当大的差别。博厄斯绘制地图时，已经能够利用经纬仪在海岸附近或海岸上进行测量，以建立和计算固定参考方位（Boas 1885h，Plate Ⅰ-Ⅱ）。

博厄斯准备的第三场演讲是《巴芬岛的爱斯基摩人》（The Eskimo of Baffin Island）（Boas 1885j），这也是他在1884年12月2日华盛顿人类学学会第八十六届例会上的发言题目。在1884年11月

25日写给玛丽和他的父母的信中,博厄斯将这次大会戏称为"爱斯基摩会议"(Eskimositzung)……由四个爱斯基摩人主导的会议,因为德国人埃米尔·贝塞尔、美国人约翰·默多克(John Murdoch)和卢西安·特纳(Lucien Turner)也作了演讲(APS/FBFP)。四位演讲人都是曾去过北极并在格陵兰、阿拉斯加和加拿大与因纽特人一起工作的科学家。博厄斯希望在未来与他们合作,此时他确信自己已经步入了同行专家的行列。

博厄斯的英语口语表达一直存在问题,这使他在华盛顿的演讲活动蒙上了阴影,他觉得很尴尬。他请贝塞尔帮他修改英文文稿,会上还需学会的秘书帮他宣读论文。对于他来说,临时参与关于他的演讲的讨论是特别困难的(Cole 1999:86)。尽管如此,还是有其他进步的。博厄斯紧跟时代潮流,学会使用打字机,将"getypewritert"(打字)引入了他自己的德语方言(letters to Marie,November 27, 1884 and February 18, 1885; to his parents, November 30, 1884, ASP/FBFP);他和威克在巴芬岛与因纽特人共同生活在一起时,形成了将因纽特语德语化的习惯(Müller-Wille, ed. 1998:273-276)。他的英语口语和写作能力逐渐提高,逐渐不再需要玛丽、雅可比和贝塞尔帮助他修改手稿(letter to parents, November 22, 1884, APS/FBFP)。

博厄斯继续将他的文章发表定位于德国,他向著名的学术期刊提交带有地图的文章,如《德国地理期刊》(*Deutsche geography*

Blätter)和《彼得曼地理通讯》(*Petermanns geography Mitteilungen*)。在这些文章中,他详细讨论了因纽特人定居和迁移模式,这是他去北极之前就已经开始的工作。第一篇发表的文章着重介绍了他发现的七个因纽特人部落的领地范围,并在所附的巴芬岛地图上进行了标识;该地图仅显示因纽特人的地区民族名称和地名,并且仅包含四个英文名称(Boas 1885c, Plate 2)。这些数据基于他自己的研究,表明他对因纽特人的地理名称掌握得非常透彻,这些地域远远超出了他所调查的地区(Boas1885h:90-95,Plate 1-2)。第二篇论文回顾了1884年英国海军部最新发布的加拿大北极地图;博厄斯将这幅地图与他自己的以及所有其他已知的勘测结果进行了比较,并在附图上详细描绘了所有细节(Boas 1885d,Plate 19)。博厄斯对资料的严格评判成为他的高质量制图和地理工作的特点,他在这些工作中应用了他杰出的数学和统计技能。

　　1884年秋,博厄斯制定了一项雄心勃勃的战略计划,即撰写三部重要著作,这将使他成为因纽特人民族志学和民族学以及北极地理方面的权威。1884年10月10日,他从华盛顿给父母写了一封信,信中说,他与史密森学会民族学馆长奥蒂斯·塔夫顿·梅森(Otis Tufton Mason)讨论了与该学会民族学局合作出版他的民族志材料的问题(APS/FBFP)。1884年底,局长约翰·韦斯利·鲍威尔(John Wesley Powell)接受了他的出书提议。博厄斯开始撰写手稿,其内容包括对因纽特人的民族志描述,因纽特人的生活、社会和宗教生活、故事和传统、科学和艺术，以及单词和地理名称列表。鲍威尔同意加入博厄斯想要的插图（letter to parents, December 5, 1884, APS/FBFP）。最终，手稿中插入了博厄斯收集的民族志、素描和乐谱，将近200幅插图。到1885年底，英文手稿基本完成，准备出版，然而由于史密森学会的行政和财政问题，这本书几年后才以《中央爱斯基摩人》的名称出版（Boas 1888e）。那时，博厄斯已经公布了他捐赠给柏林皇家博物馆的因纽特人民族志物品清单。在那部著作中，他首次使用了"中央爱斯基摩人"这一术语来指代巴芬岛的因纽特人（1885j：131）。

在策划《中央爱斯基摩人》出版的同时，博厄斯重新与1883年4月参观过的位于哥达（Gotha）的德国出版社取得联系，即尤斯图斯·佩尔特斯地理出版社（Justus Perthes Geographische Anstalt），这个出版社曾出版著名的科学期刊《彼得曼地理通讯》。博厄斯向其新编辑、地理学家和制图家亚历山大·苏潘（Alexander Supan）建议，将他对巴芬岛研究的地理和制图总结性成果在本期刊发表（letter to parents, November 13, 1884, APS/FBFP）。1885年底，苏潘提出将博厄斯的手稿单独发表作为该刊的增刊，根据签订的合同，支付给博厄斯986马克，这在19世纪80年代是一笔可观的收入（letter to parents, January 8 and December 17, 1885, APS/ FBFP）。博厄斯开始着手写这本书，这本书最终以《巴芬兰》命名（Boas 1885h），第二年成为他的教授资格论文。

无穷的精力最终使博厄斯能够同时用两种语言撰写多篇稿件,无论是为报纸、期刊还是出版商。除了这些任务之外,他还渴望进入当时在欧洲和北美蓬勃发展的旅游图书市场。他想接洽《柏林日报》或布罗克豪斯出版社(F. A. Brockhaus Verlag),甚至考虑使用自己身边人(他的仆人)威克的日记。此计划化为乌有,也从未实现(letter to his parents, April 5, 1886, APS/FBFP; Müller-Wille & Gieseking 2011:230)。

7

重返德国(1885.3—1886.7)：
探索和验证地理学的学术追求

1885年3月25日,博厄斯抵达德国,这意味着在接下来的15个月里见不到玛丽,因为她仍然留在纽约。另一方面,他再次与他的父母和三个姐妹更亲近了。在他的家乡明登,人们用鲜花和花冠热烈欢迎他,这里"……人们对我的旅行大惊小怪,好像我做了什么大事似的……"(letter to Marie,March 27,1885,APS/FBFP)。他回到德国的特定目的是检测学术基础,并在合适的情况下为职业生涯奠定基础。对博厄斯来说,这一时期成为一次旋风式的旅行,不停穿梭在德国学术界、传统的正式等级制度和结构等错综复杂的事情中。1810年,在普鲁士政府和威廉·冯·洪堡(Wilhelm von Humboldt)的领导下,德国的大学体系进行了全面改革,把柏林新成立的大学作为一个试验点。大学成为公共机构,在规定的学科、课程和国家批准和承认的学位水平内进行研究和教学。改革还涉及教授的正式职业道路,教授代表某一特定学科,是国家公务员。在19世纪后期,美国私立机构盛行,这种模式被部分引入美国,用来创建州立学院和大学(Fallon 1976)。

博厄斯到达德国几天后就开始了他在德国的旅行。他拜访了柏林、法兰克福、哥廷根、哈雷、汉堡、基尔、马尔堡、丹麦哥本哈根等地的同事、大学和博物馆。他在明登短暂停留,但主要居住在柏林,从事研究和撰写手稿工作,以及忙于柏林弗里德里希·威廉姆斯大学(Friedrich-Wilhelms Universität)的自然地理学特许任教资格。在这期间的大部分时间里,他都处于失业状态。从1885年10月开始,他被阿道夫·巴斯蒂安聘为助理馆长,在接下来几个月的时间里负责皇家博物馆民族学部门的北美展览。这项工作带来了一些必要的收入,他还收到了一些演讲费和出版费。尽管如此,他仍然需要依靠父亲支付更多的开支(letter to parents, June 14, 1886, APS/FBFP)。

在德国,博厄斯发现有大量的人需要他介绍关于因纽特人和北极环境的研究成果。1885—1886年间,他在各地学术团体共做了8次公开演讲,其中3次是连续迅速地进行的。1885年4月11日,他第一次在汉堡的第五届德国地理学家大会(Fifth German Assembly of Geographers)演讲。会议主题是极地研究和地理学,费舍尔、拉采尔和冯·诺伊迈尔都作了有关报告。随后博厄斯离开汉堡前往柏林,4月15日在柏林人类学、民族学和史前学会(Gesellschaft für Anthropologie, Ethnologie and urgeschchte)演讲,5月2日在柏林地理学会(Gesellschaft für Erdkunde zu Berlin)演讲。这三份演讲报告迅速发表,表明博厄斯已被德国学术界和科学界广泛接受(1885e-g)。

他的第一次演讲题目为《巴芬兰的爱斯基摩人》(The Eskimos of Baffin Land),在作为细心听众的地理学家和极地科学家面前,博厄斯首先通过描述北极地形的特殊特征来解决遇到的地理问题。例如,他正确地将大型且与众不同的内陆网状湖(Nettiling lake)或带有海豹的地方识别为遗物湖(Reliktensee),这意味着该湖较早与海相连,但由于冰后期的反弹而被切断,导致剩余海豹要从其基因库中分离出来,成为淡水海豹(Boas 1885e:103,1885h:50)。其次,他强调在巴芬岛因纽特人"……存在于大量的部落中,他们的部落领地不大,但他们的生活方式和风俗习惯有很大的不同。这些部落在巴芬岛的分布完全取决于冰雪状况"。(Boas 1885e:103-104)博厄斯的结论是,因纽特人居住在沿海地区,那里有大量的固定在陆地上的冰,因此更容易获得资源,如海洋哺乳动物。令他惊愕的是,出版商拒绝在文章中加入他提交的解释性的地图,但他可以通过修改稿件来表达自己的观点(Boas 1885e;letter to mother,August 23,1885,APS/FBFP)。

在那篇文章中,博厄斯介绍了因纽特人用来描述自己的术语"Innung"(单数形式,现代改用 Inuk)和"Innuit"(复数 Inuit)(Boas 1885e:105,footnote,Boas 1887a:303)。然而,他继续使用"Eskimo"(复数 Eskimos)这一词汇,甚至说服史密森学会在《中央爱斯基摩人》一书的标题和正文中放弃"爱斯基摩人"法语拼写形式

"Esquimau"（复数 Esquimaux），在这本书中"Eskimo"单复数同形，这一词语既作为单数,也作为复数形式(Boas 1888e；letter to Marie,November 13,1885,APS/FBFP)。"Eskimo"（爱斯基摩人）是阿尔冈昆术语,是因纽特人南部邻居,即北美东北部的邻居对他们身份的识别标识,直到20世纪70年代早期,在因纽特人社会之外,"Eskimo"（爱斯基摩人）一词才在日常使用和学术使用中被其他词语取代。当时,"Inuit"（因纽特人）一词在加拿大被广泛地融入英语和法语,并在国际上传播。人们可能会想,如果当时"Inuit"这一术语被采纳,博厄斯在他的出版物中是否会用"Inuit"代替"Eskimo",将他的著作"The Central Eskimo"改名为"The Central Inuit"呢?

汉堡演讲的后面部分主要是关于博厄斯在巴芬岛所收集的塞德娜(Sedna)的故事,她是冥界女神(Boas 1885e：105-112,BT 11,13,1885j,1887b,Zumwalt 1982)。通过向地理学家介绍他的发现,博厄斯清楚地表示,他发现了环境的利用和占有与口述传统之间的联系。他强调,一个民族历史的口头记录揭示了地理和民族学环境之间的联系。在博厄斯看来,急需收集土著文化的口述传统,因为他认为像因纽特人这样的民族及其文化正在消失。博厄斯写道:"不幸的是,目前许多爱斯基摩人死亡,而出生的数量非常有限,这意味着用不了几十年,这个小民族,将灭绝……(它)与任何其他民族一样,拥有丰富的音乐和传说,可以为民族学的研究提供大量的关于生活和习俗的资料,这些资料为我们提供了一把钥匙,解决科学知识发展遇到的问题的钥匙。"(Boas 1885e:112;also 1885f:166,1885h:90,1887b:623)

　　早在1883年和1884年,当时博厄斯在北极,副组长兼天文学家利奥波德·安布罗恩(Leopold Ambronn)和数学家兼物理学家海因里希·阿贝斯(Heinrich Abbes)都是1882—1883国际极地年项目德国北极研究站人员,他们已经发表过有关坎伯兰湾因纽特人的文章,以及他们在北极居住和工作期间的趣闻轶事(Ambronn 1883,Abbes 1884)。阿贝斯在广受读者欢迎的德国地理杂志《环球》(Globus)上发表了相当详细的民族志描述,后来又将其作为国际极地年官方报告的一部分进行了扩充(Abbes 1890)。他发表的文章来源于他自己的观察和从奥开通(Oqaitung)、其他因纽特人以及捕鲸者那里获得的信息。阿贝斯的论述包括工具、船、雪屋的图纸和因纽特语单词列表。奥开通被德国人雇来当杂工,一整年都和家人住在研究站旁边。1883—1884年,他也曾被博厄斯短期雇佣;1883年12月,威廉·威克遭受严重冻伤时,奥开通和其他因纽特人用他们复杂的处理冻伤的知识挽救了他的生命(Müller-Wille & Gieseking 2011:123–129)。

　　博厄斯于1886年4月在柏林人类学、民族学和原始历史学会(Berliner Gesellschaft für Anthropologie,Ethnologie und Urgeschichte)又一次发表了演讲,该演讲由学会主席鲁道夫·维尔楚主持。

他的演讲被一字不改地发表（Boas 1885f, see also 1887a, 1888c）。该演讲只谈论了巴芬岛爱斯基摩人的故事（The Tales of the Baffin Land Eskimos），详细地解释了一些例子，特别是塞德娜（Sedna），并描述了与生死有关的习俗。他还对加拿大北极地区因纽特人的地理划分提出了更精确的观点：哈德逊湾、巴芬岛、拉布拉多周围的东爱斯基摩人，沿北部大陆海岸从威廉国王岛到巴瑟斯特角的中部爱斯基摩人，沿麦健士河谷向西的西部爱斯基摩人（Boas 1885f: 161）（博厄斯在著作1888e的第420页参考了林克的观点，林克认为中部爱斯基摩人包括巴芬岛的，区域范围包括科珀曼河与格陵兰岛之间。博厄斯在著作1885i的第131页，克罗伯在著作1899的第266页中都同意这一观点）。

博厄斯在柏林地理学会（Gesellschaft für Erdkunde zu Berlin）的第三次演讲详细描述了他在巴芬岛的旅行和研究，并感谢德国极地委员会提供的慷慨后勤支持（Boas 1885g）。在这里，他展示了自己的地图，以突显他的地理和制图工作的范围和细节（the same map as in Boas 1884a）。他还提到了自己和因纽特人在购买雪橇犬时发生的严重冲突。由于博厄斯打算大范围地旅行，需要从当地因纽特人那里购买雪橇犬，对因纽特人来说，狗是狩猎和在定居点之间旅行的必需品。对于博厄斯，雪橇犬成为他研究成功不可或缺的关键，因此他成为稀缺资源的竞争对手（Boas BT 14）。此外他还记录到，1883年，一种毁灭性的疾病首次在巴芬岛肆虐，导致狗的数量减少。博厄斯称其为"白喉"(1885g：294-295)，但更有可能是狐狸脑炎(Cole 1999：301)。在某个人的煽动下，因纽特人将流行病的传播归咎于博厄斯的出现和对狗的追求，因此博厄斯威胁要停止与申诉人的联系，申诉人在压力下态度有所缓和(Müller-Wille，ed. 1998：172)。博厄斯把这个局面的解决一方面归功于捕鲸站的因纽特人，因为这些因纽特人对自己更了解，另一方面也归功于他自己的"对主要煽动者的精力充沛的对抗行为"(Boas 1885g：295)。

早在1883年秋天，博厄斯就曾试图用药物救治几名因纽特人，主要是儿童和妇女，但收效甚微。有几例死亡明显是由外来的疾病造成的(Müller-Wille，ed. 1998：125-127)。可能是受捕鲸者使用"大医生"这个词的影响，一些对博厄斯抱有很高期望的因纽特人误称他为"大医生"，他们将这些死亡归咎于博厄斯。此外，当博厄斯想要从坟墓中搜集骸骨带回德国进行人类学研究时，受到因纽特人极力阻止。因纽特人断然告诉他，他们的坟墓绝对不能被碰触或打扰。博厄斯虽不喜欢，但不得不接受因纽特人的警告(Müller-Wille，ed. 1998：116)。

这些情节让我们得以一窥博厄斯的性格以及他与因纽特人的关系。博厄斯的做法不应该用当今科学研究中要求的严格道德标准来评判。在他那个时代，这样的道德原则几乎没有被讨论过，也不是必须要考虑的。博厄斯清楚地意识到他与因纽特人的关系是有限度的(Pöhl 2008)。

在与因纽特人共同居住期间,博厄斯和威克与因纽特人交换民族志研究物品,如衣服、工具和象牙玩具雕塑等,他们将这些物品带回德国个人收藏。博厄斯还在阿道夫·巴斯蒂安的指导下,为位于柏林的皇家博物馆民族学部门收集了一大批藏品。那些收藏是当时因纽特人物质文化的典型代表。1885年,博厄斯捐赠了35件物品给博物馆,并公布了一份简短的清单(AEM files,Boas 1885i)。不幸的是,大部分原始收藏在从北极运回的途中丢失了。1887年,博厄斯将更多的收藏品与他从苏格兰捕鲸者和凯克滕岛上的站长詹姆斯·穆奇(James Mutch)那里购买的物品存放在一起(Boas to Bastian,May 24,1886,AEM)。博厄斯在《中央爱斯基摩人》(1888e)一书中插入了柏林藏品其中的46件素描图。大部分柏林藏品在第二次世界大战中幸存下来。它们现在被收藏在柏林国家博物馆民族学馆(普鲁士文化遗产 preuischer Kulturbesitz),也就是今天所称的老皇家民族学博物馆。

8

巴芬岛调研和因纽特人地名（1885）：
专注地图设计和语言学习

在1885年4月和5月的演讲中,博厄斯给几位在地理和极地科学领域有影响力的德国学者留下了非常好的印象,之后,博厄斯在柏林居住期间集中精力完成他的书稿《巴芬兰》(Boas 1885h)。这本内容广博、意义重大的书包含了他的最初手绘地图,后来这些地图由制图师进行重新绘制,并在1885年底由哥达的尤斯图斯·佩尔特斯出版社在《彼得曼通讯》(*Petermanns Mitteilungen*)增刊(编者按:出版商改《彼得曼地理通讯》为《彼得曼通讯》,作为原刊的增刊)发表。这成为他在柏林的大学获得特许任教资格过程的起点。1885年夏天,他开始申请教授资格。这个学术过程需要提交作品,包括至少一篇高水平长篇论文。博厄斯从在自然科学和新兴的现代地理学领域的学术交流中了解到,他选择的科研领域如果要通过教授资格考核,需要得到位于柏林的弗里德里希·威廉姆斯大学地理学教授海因里希·基珀特(Heinrich Kiepert)的认可。为了取得成功,他必须克服一个主要障碍——基珀特,一个历史地理学家和制图专家,以及令人讨厌的竞争对手。基珀特似乎不认可也不珍视博厄斯的科学工作(see Fig. 23 the original and translated report to Marie, July 21, 1885, APS/FBFP; Cole 1999: 89–93)。

1885年11月下旬,博厄斯在写给玛丽的信中引用了无意中听到的基珀特的评价:"喊,他(博厄斯)在那里和一个家庭(爱斯基摩人)旅行了一段时间,并想象着自己成功了解到本质。如果这也能代表民族学的研究,那么这可能会成为一部'辉煌'的民族志! 关于这一点,他现在竟然还想写一本大部头著作!"(November 30, 1885, APS/FBFP)。哲学学院院长威廉·谢勒(Wilhelm Scherer)以及一些地位高的教授们给了博厄斯明智的建议和强有力的支持,让他在选定的自然地理学领域申请教授资格,以避开基珀特持续不断的反对,因为基珀特完全可以阻止博厄斯成为候选人。《巴芬兰》一书的完成,即他的教授资格论文,将满足申请的基本要求,为他申请任教资格铺平道路,他可以按照正式程序以获得任何一所中欧大学的地理学教授资格(HUBA, Habilitation File Franz Boas, 1886)。

在这个阶段,博厄斯已经习惯于快速地写出一篇又一篇的手稿,因此写出一篇更长的文章对他来说似乎并不是什么大问题。1885年8月底,他已经把校正后的校样返回给出版商。他余下的主要工作是根据自己的调查和计算,设计和制作地图,利用一致的正字法,创新性地将数百个因纽特语中的原始地名印制在地图上。这些原始地名是他从因纽特人的专家那里搜集到的。

制图工作和地图设计花费大量时间,这项工作相当乏味。为了确保精确性,博厄斯需要与出版商的设计师和绘图员之间不断地来回交流。博厄斯不得不重新计算他在巴芬岛的实地调查中测量的大部分方位和位置。博厄斯对排版人员很是不满意,尽管他已经很努力,遗憾的是最后的印刷品中仍然有一些遗漏和正字法错误(APS/FBFP 1885.8.28;Boas 1885h:42,Footnote 3)。出版商显然发现地图制作相当复杂和花费高昂,于是建议撤掉一些彩色插图(letter to Marie,October 9,1885,APS/FBFP)。博厄斯并不同意,他向编辑施压并说服了他,最终编辑出版了所有地图。

因纽特语的正字法表达时存在的语言学问题是一项更为严峻的挑战。博厄斯有丰富的语言经验。除了演讲和写作擅长使用的母语德语,他还在学校里学过拉丁语、希腊语和法语。他还学了一些基本的希伯来语,并有私人英语辅导,后来英语成了他的第二语言。在海德堡的大学里,他选修了俄语初级课程。为了准备北极工作,他努力尽可能多地学习丹麦语,因为这对于阅读格陵兰岛因纽特人的相关文献是必不可少的。为便于开展对因纽特人的研究,他利用讲德语和丹麦语的摩拉维亚传教士早先出版的材料,掌握了格陵兰岛和拉布拉多使用的因纽特方言的基本知识。

柏林西,卡诺涅街26号,三楼

1885年7月21日

拜访基珀特家

或

和蔼可亲的教授

门铃响了。基珀特夫人打开,然后惊呼道:

海因里希,有人来了。(对来访者说)我家的海因里希正小睡。

来访者,俗称弗朗兹,做了自我介绍。

基珀特说:是的,基尔霍夫写信告诉我关于你的事情,但我是个历史地理学家。我对你的研究一无所知,赫姆霍尔兹需要处理这件事。

自我:我是一个地理学家,我打算提交我的旅行报告。

基珀特:那么,我现在没有时间了,首先我需要休息一下,然后这里有地质学家大会,然后我必须去伦敦。10月底之前我没有时间做任何事情。另外,我不想和现代地理学有任何关系。当然评价你的论文是巴斯蒂安的任务。

我很谦卑地请教他对教授资格论文的意见。

基珀特:是的,这个领域还没有发展起来,也许你最终可以找到要做的事情。当然,一年内你不会有学生的。我现在不能告诉你任何事情,我们将在10月份讨论这件事情。

我告辞了。

告别。

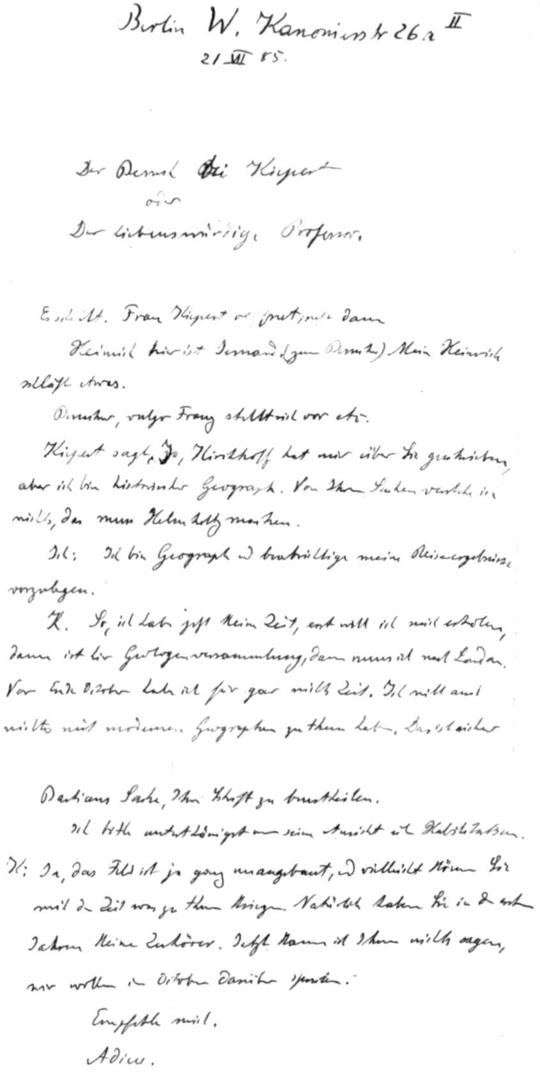

Berlin W. Kanonierstr 26a II
21 VII 85.

Der Besuch bei Kiepert
oder
Der liebenswürdige Professor.

Es schellt. Frau Kiepert erscheint, wonach dann

Heinrich hier ist Jemand (zum Besuch) Mein Heinrich schläft etwas.

Besucher, ruhige Frau stellt sich vor etc.

Kiepert sagt: Ja, Kirchhoff hat mir über Sie geschrieben, aber ich bin historischer Geograph. Von Ihren Sachen verstehe ich nichts, das muss Helmholtz machen.

Ich: Ich bin Geograph und beabsichtige meine Reiseergebnisse vorzulegen.

K. Ja, ich habe jetzt keine Zeit, erst will ich mich erholen, dann ist die Geologenversammlung, dann muss ich nach London. Vor Ende October habe ich gar nicht Zeit. Ich will auch nichts mit modernen Geographen zu thun haben. Das ist eher

Bastians Sache, Ihre Schrift zu beurtheilen.

Ich bitte unterthänigst um seine Ansicht über Habilitation.

K: Ja, das Feld ist ja ganz unangebaut, und vielleicht können Sie mit der Zeit was zu thun kriegen. Natürlich haben Sie in den ersten Jahren keine Zuhörer. Jetzt kann ich Ihnen nichts sagen, wir wollen im October darüber sprechen.

Empfehle mich.

Adieu.

拜访海因里希·基珀特教授——弗朗兹·博厄斯从柏林写给在纽约的未婚妻玛丽·克拉科维泽的信，1885年7月21日（美国哲学学会，卢德格·穆勒–威勒和琳娜·韦伯·穆勒–威勒）

尽管如此,和其他处于这种情况下的人一样,博厄斯在口头学习巴芬岛变化各异的因纽特语时面临着重大的语言挑战,因为他能依赖的可用书面材料很少。他直接和因纽特人一起学习,不断地交流,记录词汇、语法、地名、故事和歌曲。因此,他是当时第一个记录南部巴芬岛因纽特人语言的外来者(Boas 1885k[RLC],1894a)。詹姆斯·穆奇当时已经在凯克滕岛生活了近20年,妻子是因纽特人,他完全沉浸在因纽特人的语言中,能流利使用因纽特语。他给博厄斯提供了大量帮助,包括翻译和分享他所了解的因纽特文化、语言、风俗和信仰方面的知识(Müller-Wille,ed. 1998:107,111;Harper 2008)。

　　尽管博厄斯在语言方面做了很多努力,但他还是意识到自己在因纽特语方面的不足,为尽力战胜这些困难,他虚心向哥本哈根的詹姆斯·穆奇和辛里奇·约翰内斯·林克等更精通因纽特语的人寻求帮助(Boas 1894a:97;Müller-Wille,ed. 1998:160,Harper 2008:56-57,Krupnik & Müller-Wille 2010:378-380)。为了出版因纽特语的原始文稿、单词列表、人名和地名,他必须确保拼写正确,并符合既定的标准。在与因纽特人共同生活前,他已经与研究格陵兰文化和语言的学者林克有过交流(Müller-Wille,ed. 1998:8)。1884年12月,博厄斯再次写信给林克,1885年4月下旬,他给林克寄去了他收集的所有关于因纽特人故事和歌曲的手抄本,有因纽特语的和德语翻译版本的(Boas to Rink, April 28,

1885，RLC；Boas 1885k）。在博厄斯最初创作时，这本合集包括51个故事、歌曲和寓言，被称为未出版的手稿，这本合集的题名为英文的，有迹象表明博厄斯将出版有关因纽特语语法、句法和词汇的材料（Pilling 1887：12；Boas 1984a）。在他给林克的信中，博厄斯请求他帮助审查材料并做出修改，这些材料将最终用在《中央爱斯基摩人》一书中（Boas 1888e：561-658）。为了加快这个过程，特别是关于因纽特人地名的研究，博厄斯在1885年6月中旬到哥本哈根待了几天，与林克一起工作。

对博厄斯来说，这是一次紧张而又不安的访问。林克能够熟练掌握格陵兰语和母语德语。他告诉博厄斯，他写的因纽特人故事是原汁原味的因纽特口头文学，据他推测，如果翻译成德文，这些估计不能被很好地理解，也失去了语言学研究的意义。据我们所知，博厄斯收集的这些文本是林克早已经看过并评论过的巴芬岛因纽特人故事中的一部分。可以理解，博厄斯对林克的评估感到失望和气馁。在哥本哈根给玛丽的信中，博厄斯评论说，他很受丹麦同事的欢迎，他们与自己使用德语交流，他很遗憾自己不会丹麦语交流。对于林克他写道："毕竟我觉得林克很无趣。"（June 12-15，1885，APS/FBFP）。尽管他需要并且依赖于林克的意见。除了这些故事，林克还仔细检查了所有地名，并根据塞缪尔·克莱因施密特（Samuel Kleinschmidt）为格陵兰岛开发的标准化正字法修订了地名。他还对德语翻译进行了修正和补充。博厄斯非常感谢和赞赏林克的合作态度（Boas 1885h:90）。访问结束后不久，林克请博厄斯帮忙审阅他为史密森学会写的一篇英文手稿；博厄斯很高兴地答应了（Rink to Boas, August 3, 1885; Boas to his mother, August 23, 1885, APS/FBFP）。

事实上，在接下来的几年里，林克成为博厄斯在因纽特文化和语言方面最重要和不可或缺的导师。这与博厄斯和穆奇的关系类似，穆奇以不同的方式不断向博厄斯提供更多的新材料，这些材料直接来自巴芬岛的因纽特人，将这些材料翻译为英文后，博厄斯用于自己的出版物中。博厄斯为感谢穆奇，将他的名字列为自己主要作品之一的撰稿人之一（letter to Marie, November 13, 1885, APS/FBFP, Boas 1901, 1907）。穆奇也是一篇关于捕鲸的文章的作者，这篇文章发表在1906年的博厄斯周年纪念卷（*Boas Anniversary Volume of 1906*）（Laufer 1906, Mutch 1906, Harper 2008）。直到1893年12月林克去世，博厄斯和林克一直保持通信联系，合作出版，评论和关注彼此的工作和作品（Boas 1886b, 1894a:97, Rink 1890, Rink & Boas 1889）。

9

变化莫测的北极地理(1886):

景观和人类居住

1885年12月17日,当博厄斯收到出版商按时发行的备受期待的《巴芬兰》一书时,他如释重负。986马克的荣誉奖金迅速发放,缓解了博厄斯的财务困境。尽管如此,他还是觉得大折叠地图(Boas 1885h, Plate 1)有问题,因为他对自然地形的制图表示一点也不满意。他知道基珀特对他的研究进行了批评,他写信给玛丽"……有些人以卑鄙的方式攻击我"(December 17, 1885, APS/FBFP)。然而不久,博厄斯就得到人们对他的科学成就的赞扬。他坚定的导师兼最强支持者西奥博尔德·费舍尔立即做出了正面积极的反应,正如博厄斯写给玛丽的那样,费舍尔说这本书是"一篇优秀的教授资格论文"(January 5, 1886, APS/FBFP)。显然,博厄斯对现代地理学的发展做出了重大贡献。相关科学期刊很快就会发表更多好评。

在书的标题页中,博厄斯向埃米尔·贝塞尔博士致敬,表达了他对获得导师指导的深切感谢,埃米尔·贝塞尔是大胆的极地旅行家和不屈不挠的北极研究倡导者。博厄斯于1884年10月在华盛顿的史密森学会与贝塞尔会面,为他提出宝贵意见并表达了友好合作意向。

Baffin-Land.

Geographische Ergebnisse

einer

in den Jahren 1883 und 1884 ausgeführten Forschungsreise.

Von

Dr. Franz Boas.

Mit zwei Karten und neun Skizzen im Text.

(ERGÄNZUNGSHEFT No. 80 ZU „PETERMANNS MITTEILUNGEN".)

GOTHA: JUSTUS PERTHES.
1885.

《巴芬兰》——弗朗兹·博厄斯的第一个主要德国出版物的扉页,
1885年(Boas 1885h)

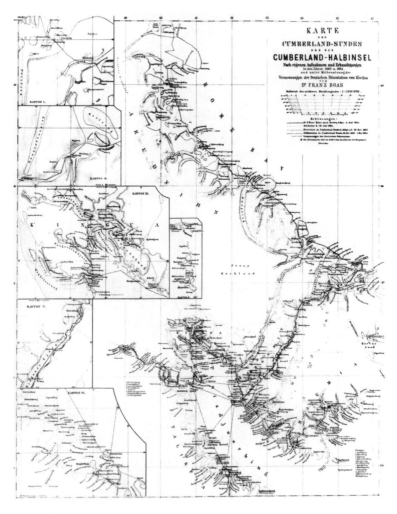

坎伯兰湾和坎伯兰半岛地图,巴芬岛,1883—1884 年
(设计和制图:弗朗兹·博厄斯;Boas 1885h,插图 1。原始尺寸:41cm×52cm)

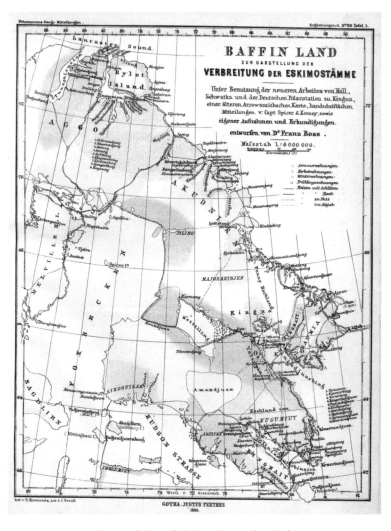

19世纪80年代巴芬岛地图和因纽特人分布图
（设计和制图：弗朗兹·博厄斯；Boas 1885h,
插图2。原始尺寸：18cm×23.5cm）

博厄斯根据当时的现代地理学研究的普遍假设,以对"未知"地区的调查为中心,构建了这本长达100页的双栏本图书——《巴芬兰》。他把这本书分成4章,附有几幅地图,并添加了2个详尽的附录。附录1列出了因纽特人地名及其德语翻译和由探险者和捕鲸者命名的同义词地名。所有的名字都标注在地图上(Boas 1885h:90-93,Plate 1-2)。附录2包括61个天文观测点和1883—1884年他在巴芬岛南部更有价值的旅行清单(Boas 1885h:95-100)。《巴芬兰》一书主要取材于博厄斯的日记、笔记和信件;这些在一个世纪后公开出版(Cole 1983,Müller-Wille,ed. 1994,1998)。

在第一章中,博厄斯呈现了一份详细的旅行报告,其本质上就是一本日志,他在报告中按时间顺序描写并解释了所有的路线、地点、事件、状况、实际问题、后勤研究(research logistics)、方法、海景、地景和人。在谈到旅行计划时,他强调说,他在每一次考察旅行时,都会向当地因纽特人征求建议,什么时候准备,什么时候开始,"……通过让爱斯基摩人(在纸箱上)绘制待勘测区域的结构,这是一门几乎所有人都掌握的高超技能的艺术"(Boas 1885h:23)。博厄斯特别赏识两个因纽特人,西加和奥开通,并雇佣他们作为向导,同时还特别赞赏威克,他不可或缺的仆人和助手。他在整本书中都坚持使用因纽特人的姓名和地名。只有在谈到探险家和捕鲸者的殖民态度的情况和事件时,才使用引进的英文地名。博厄斯不喜欢并强烈批评了探险家和捕鲸者的行为,

即无视土著人原有的名字,而选择编造自己的地名(Boas 1885h:
44)。当时,这是殖民列强在全球许多地区的普遍做法。他清楚
地表达了自己的观点,他写道:"的确,如果土著名字消失了,那是
令人惋惜的,因为它们像爱斯基摩人的名字一样,土著名字非常
合适;但随后,我又因众多的新编的英文名字和土著名字的缺失
而感到相当愤怒、烦恼和不便,因为我无法利用探险家在任何地
方(命名)的权利。然而从科学的角度来说,保存土著的名字肯定
比在海湾和山丘写下诸如罗斯和霍尔所有值得称颂或不值得称
颂的朋友的名字更有价值。"(Boas 1885h:51)

在第二章中,博厄斯论述了16世纪以来北美北极地区西北航
道勘探史,重点是巴芬岛,特别是坎伯兰湾(Boas 1885h:23-39)。
他对相关文献进行了全面的说明和回顾,其中主要是英国探险家
的文献。他还谈到新教莫拉维亚弟兄会(Moravian Herrnhuter
Brüdergemeinde)的传教士在拉布拉多沿海的活动,以及弟兄会的
一位成员在1857—1858年对坎伯兰湾因纽特人的第一次人口统
计评估。博厄斯对捕鲸工业的扩张和影响特别感兴趣,从船的名
字和吨位、母港、捕鲸季节、需油量、鲸脂、鲸须、海象和海豹捕杀
量等方面,概述了美国1846年至1876年之间在坎伯兰湾的捕鲸
活动(Boas 1885h:32-33)。他强调了一个事实,即土著因纽特人
在就业、进口商品、食物和猎枪方面都依赖于捕鲸者。大型鲸类
和其他海洋哺乳动物的迅速减少导致商业捕鲸活动的减少,这是

博厄斯在凯克滕捕鲸站逗留期间观察到的。他预测捕鲸业即将消亡,这将导致越来越多的因纽特人迁移到沿海地区,在那里未来仍可能发生一些捕鲸活动(1885h:31)。

在第三章地理学中,博厄斯叙述了他在因纽特人和威廉·威克的帮助下,对调查的巴芬岛南部地区的自然地理、地貌和冰层形成进行了评估(Boas 1885h:39-42 含有六幅因纽特人绘制的地图)。这些区域以前从没有人研究和调查过,因此博厄斯不得不依靠因纽特人的知识、自己的观察,以及他对其他地理区域的阅读中得出的比较。博厄斯对地质地貌景观、湖泊、河流及其排水系统、山脊上的通道以及最后一次冰川消退留下的冰缘形态的痕迹进行了精确而详细的描述和分析。为了进行这些空间分析,特别是海岸轮廓,博厄斯仔细研究了因纽特人为他绘制的地图,因纽特人有非常敏锐的比例感(Spink & Moodie 1972:70-72,90-93)。博厄斯直接将因纽特人提供的地名、起源、意义和面积整合到他的地图解释中。事实上,通过这样做,他充分承认和认可当地因纽特人的环境和地理知识和概念,使其与西方科学范式和实践处于同等的水平上。这无疑是朝着完全接受因纽特人的口头传统、文学和历史迈出的决定性一步。后来在从事民俗学研究时,他更强烈地表达了这一点(Boas 1904)。博厄斯通过辨认每一位为他绘制地图的因纽特人专家的姓名、地点和日期,从而从个人层面加强了他的资料来源的有效性,以此方式承认因纽特人拥有个人知识产权的权利(1885h:43,49)。

在最后一章,人类地理学家博厄斯采用人类地理学、民族学和社会学领域新兴的方法来解释和分析"……人类生活条件对自然和土地的依赖性"(Boas 1885h:62-90,里面包含四幅因纽特人绘制的地图)。他提醒说,由于研究和获取人类环境关系数据非常复杂,运用时"……难以控制的假设可能很容易导致错误和欺骗性的理论","普遍有效结论的呈现"需要比精确科学中更谨慎地处理,需要通过不断的重复测量(Boas 1885h:62)。在这个前提下,博厄斯始终以因纽特人为素材,讨论了一系列问题:北极环境中因纽特人的生态框架、社会组织与亲属关系、人口结构与分布、定居、迁移与交流模式、资源利用地点与季节性经济周期、贸易关系等生计方面。他还强调,因纽特人对已经衰落的捕鲸业的依赖迅速增加。博厄斯在这一章结尾再次预言,因纽特人即将遭遇快速灭绝或即将灭绝的威胁。他敦促应进行进一步的民族志学研究,一方面可以保护因纽特人和其他文化的元素,以促进因纽特人发展;另一方面可以造福于西方科学(Boas 1885h:90)。博厄斯似乎一直都没有搞清楚因纽特人和土著文化的整体内在动力和恢复力,这些能力使他们能够适应未来的变化,同时保持他们的身份和文化的独特性。

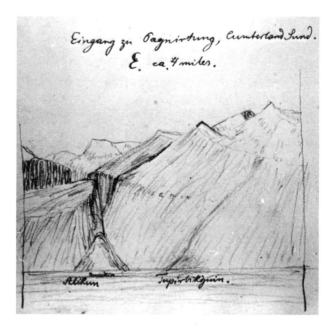

庞纳唐海峡北侧,坎伯兰湾,海峡东约7千米,1883年10月
（绘图:弗朗兹·博厄斯;美国哲学学会）

从南侧的卡萨克(Karsak)观看,坎伯兰湾金奈峡湾北侧的内赛隆河谷
(Nerselung Valley)及海拔1400米的安吉尤卡克(Angiukak Mountain),
1883年10月(绘图:弗朗兹·博厄斯;美国哲学学会）

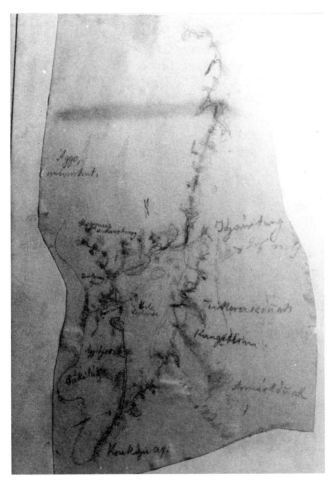

巴芬岛尼德宁湖（Lake Nettilling），米提克（Mitik）和奥开通绘制，1884年1月
（柏林国立博物馆民族学博物馆；照片：卢德格·穆勒-威勒，1983年3月）

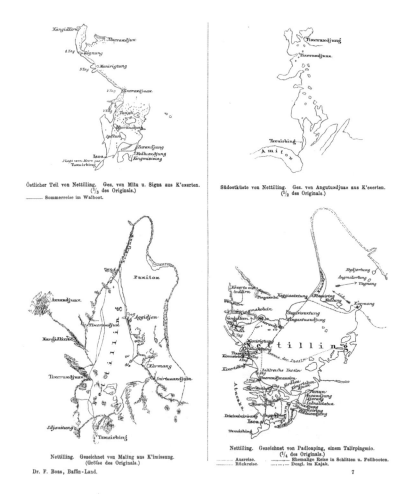

四幅巴芬岛尼德宁湖地图，米图（Mitu）、西加、安格图查克（Angutuqdjuaq）、马林（Maling）和帕德洛平（Padloaping）绘制，1884年1月（Boas 1885h：49）

在最后一章附录1,其标题为"地名",列出了博厄斯和因纽特人收集的所有地名,并在"同义词"一节中列出了探险家和捕鲸者为一些地点所取的名字。总共列出930个因纽特人地名,这些地名都标注在巴芬岛的各种地图上,这些地图中只标注了很少的非因纽特人的名字(Boas 1885h:90-93,Plate Ⅰ,Plate Ⅱ;1888e:662-666,Plate Ⅱ-Ⅲ。其中插图1包含6幅地图,插图2与3在1888年修订后再版)。这些非同寻常的地图首次全面而详尽地展现了因纽特人——巴芬岛的人类地理学家——眼中的文化景观(Müller-Wille & Weber Müller-Wille 2006;compare with work by Boas on Kwakiutl geographical names[Boas 1934b])。博厄斯独自完成了这些系统的地形测量的技术工作。此外,他还考虑到关于人口分布、定居模式、移徙运动、狩猎习惯和资源使用的空间范围的数据。这些地图提供了过去130年因纽特人土地利用变化的历史分析。此外,地名和相关故事是博厄斯了解北极环境中人类环境关系的基础。

为了解自然环境中的人文因素,博厄斯让单个因纽特人或三五个因纽特人通过确认他们命名的地点和地区来证明他们的地理知识范围,因纽特人可以换取商品和食物作为回报。因纽特人绘制的地图证明了他们对周围环境有敏锐洞察力和深刻了解。1984年7月和8月,我和琳娜·韦伯·穆勒-威勒、克里斯蒂娜·梅森——我们的助手也是我以前的学生,与因纽特人专家在庞纳唐进行了一项调查,证明了博厄斯的地图和地名标识的准确性。一些专家是博厄斯在1883—1884年共事的因纽特人的后代。我们的调查覆盖了坎伯兰湾和戴维斯海峡以东的区域。因纽特人专家中年龄最大的是84岁的阿克萨乌克·埃图安加,他了解并确认了在博厄斯已出版的名单和地图中出现的大多数地名及其位置。我们带来了调查的副本,并在庞纳唐社区的开放日展示了这些资料。因纽特人惊讶地发现,他们自己的地名已经在德国存在了一百多年,而他们自己对此却一无所知(Müller-Wille & Weber Müller-Wille 2006)。

博厄斯的《巴芬兰》很快受到德国地理学界关注,并在各种科学期刊上受到了德高望重的同人的好评,比如斯特拉斯堡大学的乔格·格兰德(Georg Gerland)、哈雷-维滕贝格大学的阿尔弗雷德·基尔霍夫、基尔大学的奥托·克鲁梅尔(Otto Krümmel)和哥廷根大学的赫尔曼·瓦格纳。对于这些反响,博厄斯备受鼓舞,1886年1月19日,他用拉丁文填写了自然地理学教授资格申请,并发给柏林的弗里德里希·威廉姆斯大学哲学学院的所有教授。哲学学院通过了他的申请,他获得了教授资格(1886年1月19日,HUBA)。在递交申请的同时,他还提交了已公开发表的文献、学位论文、12份出版物(德语8份,英语4份;其中8份是关于因纽特人和北极的)(Boas 1883a-b,1884a,1885c-h),2次必需的公开演讲的3个主题列表,以及他的个人简历。到1886年3月底,哲学学院院长

阿克萨乌克·埃图安加(右)和阿兰·安格马利克在记录加拿大西北领地
[努纳武特]坎伯兰湾地区庞纳唐的地名,1984年8月
(照片:路德·穆勒-威勒)

在庞纳唐工作的地名调查队;阿克萨乌克·埃图安加(右)、阿兰·安格马利
克、琳娜·韦伯·穆勒-威勒、克里斯蒂娜·梅森,1984年8月
(照片:路德·穆勒-威勒)

庞纳唐公开日展出的弗朗兹·博厄斯照片和地图
（照片：路德·穆勒—威勒）

威廉·谢勒收到了2位指定的评审员的报告，他们是由哲学学院指定的气象学家兼博厄斯的学术导师威廉·冯·贝佐德和历史地理学家兼第二评审员海因里希·基珀特。威廉·冯·贝佐德的评价是非常积极的。他建议通过"他所有的作品都散发着严肃、正直的研究精神"（March 15, 1886, HUBA）。基珀特表达了强烈的保留意见，声称博厄斯的出版物只不过是旅行报告"……我们从经验丰富但未受教育的海员那里也可以得到很多类似信息"。尽管如此，他还是不情愿地同意了，但条件是博厄斯必须修改公开演讲主题，以表明他有能力处理地理方面的普遍问题，特别是自然地理学方面的问题（March 25, 1886, HUBA）。

经过一番讨论之后，谢勒要求请博厄斯发表两个自然主题的演讲。1886年5月27日，他在34位教师面前发表了关于北冰洋冰层状况（The Ice Conditions of the Arctic Ocean）的演讲，这些教师都签字通过了他的特许任教资格。博厄斯最后要做的是在6月5日发表关于科罗拉多州卡农（Cañon）的公开演讲（handwritten lecture manuscripts in APS/FBPP，Boas 1885l–m）。在那之后，就在他28岁前的一个月，他收到了官方证书，并获得了教授资格头衔，作为编外教师拥有地理学授课资格，即有资格讲授地理学和民族学课程。1886年秋末，博厄斯在不列颠哥伦比亚省给他父母的信中提到，他已经开始在那里进行研究（November 18，1886，APS/FBFP；Zumwalt 2013b），他提交了一份详细的教学计划，包括六门课（讲座、座谈会和短途旅行），每周总共10个小时，这已被列入了1887年柏林的弗里德里希·威廉姆斯大学夏季学期的教学目录中。课程将分别涵盖极地考察史、海洋学、北美地理学、西北海岸民族志和短途旅行的旅行调查技术（HUBA，1887目录）。博厄斯从未教过这些课程。到1886年末，为了能在《科学》杂志工作，他明确决定留在美国，取消了所有课程，因此放弃了在柏林的大学编外讲师的职位（letter to parents，December 31，1886，APS/FBFP）。

10

定居美国(1886—1888)：
民族学和地理学著作

　　博厄斯并不想在德国一味等待而寻求一个学术职位,尽管他确实采取了预防措施,如果有需要,他会返回。1886年7月8日,在他的就职演讲后仅一个月,他在姐姐安东尼的陪伴下,第一次去了英国。在伦敦,他会见了渥太华的加拿大地质调查局的负责人阿尔弗雷德·塞尔温(Alfred Selwyn),讨论了他在加拿大不列颠哥伦比亚省西北海岸的未来研究计划。早在1886年,博厄斯就和詹姆斯·穆奇一起,在威廉·威克的陪伴下,计划在凯克滕捕鲸站度过1886—1887年的冬天,以扩展他对因纽特人故事和信仰的研究。为了这个目的,他还联系了加拿大地质调查局负责北极研究的地质学家罗伯特·贝尔(Robert Bell),询问当年夏天乘坐一艘政府考察船从哈利法克斯到巴芬岛的航行事宜。贝尔接到官方批准,并通知博厄斯,船将在6月底离开。博厄斯拒绝了这个邀请,部分是因为时机,但也因为他的研究兴趣已经转移。而且,他似乎无法想象在坎伯兰湾再次与世隔绝,与他的未婚妻玛丽分别一整年。更重要的是,可以乘火车通过美国或加拿大到达不列颠哥伦比亚省,这样旅行和出行变得更加轻松便捷。博厄斯将再也不会回到北极,在因纽特人的家园对他们进行直接研究(Müller-Wille & Gieseking 2011:263)。

1886年7月14日,安东尼和他在南安普顿登上了艾德(Eider)号轮船,并于7月27日在纽约市登陆,在那里他申请成为美国的移民(Boas, Norman F. 2004:75)。他在纽约与玛丽和她的家人团聚,9月中旬又离开了。这一次,他乘火车经过美国前往西北太平洋地区,然后前往不列颠哥伦比亚省,开启加拿大西北海岸的原住民的长期研究与联系(Zumwalt 2013b)。阿道夫·巴斯蒂安和其他学者鼓励他把研究扩展到整个北美大陆,把他的北极研究与西方联系起来,事实上,他着眼于跨越从东到西不同地理和生态区域的民族志概况。他第一次旅行获得的资金很少,但在随后的几年里,他获得了更有保障的资金来扩展他在北美大陆西部的工作。1886年12月,他从加拿大返回纽约,这是在北极考察后,他进行的第一次实地考察(Cole 1999:99-104)。

1887年1月底,博厄斯找到了他在美国的第一份带薪工作——在《科学》杂志担任"地理学方面的助理编辑",早在1885年初,他就在《科学》杂志上发表过文章。1887年2月1日,博厄斯用《科学》杂志的信笺写信给费利克斯·冯·吕尚(Felix von Luschan),柏林皇家博物馆的民族学助理,宣布他"现在加入了新闻工作者的行列",新开设了一个关于地理和民族学的新专栏,目的是让美国人对这些学科感兴趣,并使该杂志成为欧洲人了解美国的重要来源(Dürr et al 1992:177)。事实证明,博厄斯成为一名相当娴熟的新闻工作者,并迅速融入了英语世界。

在有了稳定的收入后,弗朗兹·博厄斯和玛丽·克拉科维泽于1887年3月10日在纽约结婚。这是博厄斯在美国生活的开端。他在《科学》杂志工作到1889年初,然后在马萨诸塞州伍斯特市的克拉克大学担任他的第一个学术职位,从1889年到1892年在那里任教。他于1892年2月23日加入美国国籍(APS/FBFP, Zumwalt 2013b)。1892年末,他被任命为1893年在芝加哥举行的世界哥伦比亚博览会的人类学部门的助理策展人。1894年,他开始在纽约市的美国自然历史博物馆担任研究助理,在1896年至1905年间担任博物馆馆长。他的职业经历最终使他在哥伦比亚大学获得了一个稳定的职位,先是1896年担任讲师,然后在1899年担任人类学教授。1919年至1928年,他在巴纳德学院(Barnard College)担任平行教学职务(parallel teaching position)。1936年,他从哥伦比亚大学退休,一直担任荣誉退休教授,直到1942年12月21日去世(有关传记细节参见 Cole 1999, Boas, N. 2004, Zumwalt 2013a)。

博厄斯成为职业作家开始,他的英文作品的产量就大幅增加,仅在1885年至1890年间,他就在《科学》杂志上发表了60多篇文章,文章主题广泛,主要是关于地理问题。相反,他德语文章数量减少了。1887年和1888年,博厄斯发表了大量文章,总共78

篇,其中22篇是关于因纽特人、巴芬岛和北极探险的。其中包括备受期待的大部头的《中央爱斯基摩人》。这些主题中的6篇文章仍用德语发表(Andrews and others 1943:69-72)。

11

因纽特人的故事和词汇、北极冰和气候

（1887—1894）：

文化、语言和自然评估

　　博厄斯继续研究因纽特人的故事和信仰，这是他之前就开始的工作（Boas 1885f）。他用德语发表了一篇详细论述中央爱斯基摩人的宗教信仰和一些习俗（The Religious Beliefs and Some Customs of the Central Eskimos）的文章（Boas 1887a），在文章中讨论了因纽特人的故事和风俗，及其在巴芬岛和格陵兰岛的分布、影响和关系。他借鉴了探险家和莫拉维亚传教士的现有文献，尤其是林克的作品（Boas 1883c，1887b，latter based on 1885f）。他还比较了一些来自不同地区的因纽特词汇，并分析了具体的故事。

　　博厄斯最后一篇关于因纽特人口述传统的德语作品是《巴芬岛的爱斯基摩人传说故事》（Eskimo Tales from Baffin Land，Boas 1888c），这篇文章经过与柏林人类学民族学和史前史学会（Berliner Gesellschaft für Anthropologie，Ethnologie und Urgeschichte）的激烈商讨，进行商讨的原因是史密森学会（Smithsonian Institution）对一些故事，特别是对伊塔乌扬（Ittaujang）的传说进行了严格的道德审查，比如收录在《中央爱斯基摩人》一书中的"The One Like an Anus"。

博厄斯觉得有必要在文章的脚注中解释这种情况:"这一口头传统被缩减了,因为有些部分被认为不适合出版。"(Boas 1888e:616)为了保持因纽特人故事以及他自己的音译的真实性和完整性,博厄斯将完整的德文译本提交给了柏林学会,并在1887年10月20日的会议上宣读。他在提交报告的开头写道:"然而,由于报告的编辑们[民族学]删除了一些被认为与年度报告的性质不相称的淫秽段落,我在此将每个故事完整地呈现出来。"(Boas 1888c:398)柏林学会接收了这4个故事的完整版并立即全文出版。

博厄斯对因纽特人的信仰、故事和歌曲的兴趣持续了数年,尽管当时他已经在不列颠哥伦比亚展开了对夸扣特尔人的研究。1889年,林克还审阅了《中央爱斯基摩人》(Rink 1890),并与博厄斯在新成立的《美国民俗学刊》(*Journal of American Folk-Lore*)上联合发表了一篇文章,在文中,他们提供了因纽特人的原始文本并附带了英文翻译(Rink & Boas 1889)。呈现真实可靠的、未经修改的内容,这是由林克建议的,但也与博厄斯是美国民俗学会(American Folklore Society)及1888年创立的《美国民俗学刊》的联合创始人身份有关。该期刊关注的重点是文学和人类学文献以及口头文学及其原文解释(Zumwalt 1988:13-21)。早在几年前,博厄斯在一篇评论中称赞了林克在因纽特语言方面的开创性工作(Boas 1886b)。在后来的几年里,他展示了更多因纽特人的故事和歌曲,甚至添加了因纽特语和英语翻译的乐谱(1894b-c,

1897，1904，1922)。博厄斯将这些故事和歌曲的原始版本一字不差地打印出来,这些故事和歌曲是他在巴芬岛时反复聆听记录下来的(Müller-Wille, ed. 1998:249-254)。多年来,博厄斯拓展了他的研究兴趣,又开始致力于研究北美的几种土著语言,这为语言人类学作为一个独立学科的出现做出了积极贡献(Schott 1994)。

1894年,也就是博厄斯从北极回来10年后,他用德语发表了最后一篇关于因纽特人的作品,名为《坎伯兰湾的爱斯基摩方言》(The Eskimo Dialect of Cumberland Sound),这可以说是个词汇表,约有2200条条目(Boas 1894a),包括单词,一些变位和派生词,短语,540个地名(Boas 1885h: 90-95),275个人名(Krupnik & Müller-Wille 2010:378-390)。他尽可能多地将所有条目翻译成德语。这个词汇表很可能包含了他在因纽特人那里居住期间收集和学习的所有因纽特词汇。他将他的材料与不同来源的资料进行了交叉核对,对相应条目做了标注,并证明拉布拉多和巴芬岛海岸的因纽特人之间的语言关系比格陵兰岛更密切。在他的简短介绍中,博厄斯没有直接提到林克,也没有提到林克在生前是否看过这份词汇表。由于博厄斯早在1885年就把他所有的语言材料寄给了林克,因此可以认为博厄斯整合了林克的所有意见和建议。博厄斯还提到,该词汇表之后还将出版另一本书,包括文本、语音注解、语法和单词(Boas 1894a:97)。1887年,博厄斯声称已经"……收集了大约1000个单词的词汇,并对该语言的语法做了些许描述解释"(Pilling 1887：12)。博厄斯未曾实现这一出版计划,现在需要重新整理博厄斯用因纽特语写成的完整原始手稿材料,这些材料目前由费城的美国哲学学会和哥本哈根的丹麦皇家图书馆保存,可能其他地方也有保存。

在简短的图文并茂的《翻绳游戏》(The Game of Cat's Cradle)一书中,博厄斯展示了他对因纽特人文化中有关艺术和游戏的民族志细节的浓厚兴趣,包括那些使用绳子的游戏。他评论说,他在因纽特人中观察到这种游戏,发现它们在整个北美北极地区不同的人群中真实而广泛地传播(Boas 1888b, also 1888e：569-570)。为了获得更多因纽特人的口头传统、习俗和民族志物品,博厄斯继续通过大量的通信与美国捕鲸船船长保持联系,特别是与詹姆斯·穆奇保持书信联系一直到20世纪20年代早期(Harper 2008)。这些捕鲸者不断向他通报加拿大北极地区从巴芬岛到哈德逊湾西海岸的变化。他们给博厄斯寄了大量材料,主要是英文的,博厄斯经过整理、编辑出版了两本主要的汇编,为表示感谢,博厄斯将他们列为合作者(Boas 1901,1907)。这些作品和《中央爱斯基摩人》仍然是研究因纽特人类学和历史的主要参考资料。此外,对因纽特人来说,这些资料是他们理解自己的历史,加强和发展他们的语言和文化的源泉。博厄斯如果知道现代因纽特人的这种发展,一定会非常高兴和惊讶。在19世纪80年代与因纽特人共同生活后,难道他没有预言过几十年后因纽特文化就会消亡和灭

Der Eskimo-Dialekt des Cumberland-Sundes.

Von **Franz Boas.**

Das nachfolgende Material wurde auf einer Reise in Baffin-Land in den Jahren 1883 und 1884 gesammelt. Der Dialekt, auf welchen sich dasselbe bezieht, wird im Cumberland-Sunde und an den wenig nördlicher gelegenen Theilen des Westküste der Baffins-Bay gesprochen. Der Dialekt lehnt sich enger an den von Labrador als an den von Grönland an, was uns nicht Wunder nehmen darf, da die Sitten und Gebräuche der Stämme ebenfalls denen von Labrador ähnlicher sind, als denen von Grönland.

Ich habe lange mit der Veröffentlichung des von mir gesammelten Materiales gezögert, da dasselbe in vielen Beziehungen mangelhaft und unvollkommen ist. Es sind die Resultate einer Erstlingsreise und die mangelnde Erfahrung des Sammlers zeigt sich in den Lücken und Unvollkommenheiten des Materials. Ich war mir der Wichtigkeit sprachlicher Studien während der ganzen Reise nicht klar bewusst, da ich glaubte, die Studien der grönländischen und labradorischen Missionäre gäben ein genügendes Bild der Eskimosprache, und concentrirte meine Arbeit auf geographische und ethnologische Probleme. Es stellte sich erst nach meiner Rückkehr heraus, als ich versuchte, die mitgebrachten Texte übersetzen zu lassen, ein intensiveres Studium die alterthümlichen Texte, die eigenthümliche Geheimsprache der Angakut und die dialektischen Abweichungen bieten.

Nach reiflicher Ueberlegung scheint mir das gesammelte Material doch genug Neues zu bieten, um eine Veröffentlichung zu rechtfertigen.

Der vorliegende Aufsatz enthält das gesammelte Vocabular, verglichen mit dem Wortschatze von Labrador und Grönland. Ein folgender Aufsatz soll die Texte, Phonetik, Grammatik und eine Discussion des Vocabulars enthalten.

Ich habe das von den grönländischen Missionären aufgestellte Alphabet benützt, doch sind lange Vocale nur durch Längen (—) angedeutet und Accente der Worte mehrfach angegeben. Das velare k ist durch q ausgedrückt, das deutsche ch in Bach durch x. Alle anderen Buchstaben werden wie im Deutschen ausgesprochen.

Abkürzungen: L. = Labrador, G. = Grönland, E. = Eigenname, O. = Ortsname.

Mittheilungen d. Anthrop. Gesellsch. in Wien. Bd. XXIV. 1894.

A.

a pl. mit Suff. 3. Person, *anĝin.* Seitenspitze des Vogelspfeils. G. *âq.*

aĝia, pl. *agidjen* Geweihsprosse, pl. auch Ortsname.

aja Mutters Schwester L., G.

ainga, aikolun seines Bruders Frau. L. *ai.*

ailang Schweiss, auch E., L. *ailak,* G. *ailaq.*

aipa der andere mit Suff. 3. Person., L., G. *aipaq;* *aipa — aipa* der eine — der andere, *aipunga* der andere mit Suff.

aisicarpoq er geht auf Seehundsjagd im Winter. — *siarpoq* er geht aus nach —

Aise'ang E.

aisirang Spinne, auch E., L. *âsicûk,* G. *ausiaq.*

aisiviûaq danke (siehe G. *aso* genug!).

Aisoin E.

aiviq dual. *aicing,* pl. *aiviñ* Walross, L. *aicek,* G. *auveq.*

aicaq er geht zu holen, L. *airak,* G. *aica* er holt es.

aqpê'it er trägt sie; *ainiedlaranuk, ai —* gehen zu holen —. *dlarpoq* sehr;

aitirtoq gehend nach —, *aititielaminga* wenn er selbst nicht geht und holt;

aivasima'mela wenn sie gegangen sind, etwas zu holen, — *simacoq* Perfect.

ajang Querholz des Kajak, L. *ajak,* G. *ajoq.*

ajequrpoq, er stützt sich auf die Hände, G. *ajaperpoq;*

aje'gang Bilboquet, *ajautang* Stock dazu; *ajeq'tang* äusserer Rand am Augenhöhle;

aje'ksung Gabel, Sikosuilaq-Dialekt, O. *ajokitarpoq* ein Spiel, *aju'ktang* Ball;

aju'ktaun Stock zum Ballschlagen, *ajuktaq'tung* das Ballschlagen, *aja'rorpoq* er spielt das Fadenspiel.

Aje'paung O.

aju'jorang Spalt im Eise (Sprungspalt, nicht die Spalten am Ebbestrande), L. *ajorak.*

ajurnopoq es ist schwierig, *ajurnianigmen* da es nicht schwierig ist (G. — *ngingmat*).

ajorunga sein Brudersohn, L, G. *ujoruk.*

ajuarng, Dual. *ajuang,* pl. *ajuan* Beule, L. *ajuak,* G. *ajunq.*

agoq, pl. auch *agguk,* G. *agssok;*

a'gaun Unterarm und Handgelenk, auch O., *aga'paung* Fingerspitze, auch O. *agi'ypit tunna* Dein Handrücken.

agartsortilta mein Mittel zur Verwandlung (?).

agia Feile, L. *aggiak,* G. *agiaq.*

Agiara'dlo E.

agirpoq er nähert sich, L. *aggerpok,* G. *nggerpoq.*

agim Ente, L. *aggek,* G. *agdleq.*

Agirla'jung reich an Enten O.

ago Wetterseite, L. *ago,* G. *agssoq.*

ngo er sagt ja (a *ja, — gûq* er sagt —).

A'gudlang E.

13

绝吗?(Boas 1885b,1888h:90)

1886年,在回顾1884年加拿大海王星号(Neptune)考察的结果时,博厄斯讨论了从温尼伯(Winnipeg)修建一条铁路支线的新提议,该支线将新近完成的横贯大陆铁路与哈德逊湾约克工厂(York Factory on Hudson Bay)连接起来(Boas 1886a)。通过这条铁路支线,与英国进行贸易时,运输更多的谷物和其他商品将得到便利。海王星号被派去调查冰层状况。在他的报告中,博厄斯对季节性冰层状况可以延长航运并不乐观。然而,铁路和海运的技术进步证明他错了。经过几十年的研究和后续投资,1929年建成了通往丘吉尔堡(Fort Churchill)的铁路,开通了哈德逊湾和大西洋之间的航道。

在巴芬岛逗留期间,博厄斯广泛观察了不断变化的冰层状况和形成,以及它们对因纽特人和捕鲸人的流动性和资源利用的影响(Boas 1885l)。博厄斯当时居住在纽约市,离康涅狄格州海岸的美国捕鲸业基地很近。他抓住了这个机会,从捕鲸者的航海日志(Boas 1885l)中进一步收集了关于海冰的空间范围和时间波动的详细数据。这些数据包括从1852年到1887年的35年间,关于固定冰、冰间湖位置——被海冰包围的无冰水域——以及巴芬兰东南部沿海地区的无冰区域的信息。通过系统地总结和推算这些数据,以及他自己从1883年到1884年观察到的数据,绘制了一张显示冰层状况每年波动的地图(Boas 1888a)。他讨论了捕鲸者提供的数据的准确性,并讨论了每一年的情况。博厄斯认为,每年波动的原因与变化的洋流(包括潮汐)和沿海的地形有关,这是基于当时研究状况的一个合理解释。

在另一篇于1888年2月提交给享有盛名的《水文与海洋气象年鉴》(*Annalen der Hydrologie und maritimen Meteorologie*)的文章中,博厄斯列出了威廉·杜瓦尔(William Duva)、詹姆斯·穆奇、威廉·威克以及他自己1883—1884年在两个捕鲸站(一个在坎伯兰湾海岸,一个在坎伯兰湾西海岸)获得的所有气象测量数据。这些数据将由1882—1883年建立的金瓜德国极地研究站进行广泛和定期的完善,但这些数据记录只见于19世纪90年代早期的作品中(Müller-Wille, ed. 1998:6-11)。虽然数据有瑕疵,但在温度、风向和风力、气压、降水和云量方面的测量是相当准确的。博厄斯分析了这些结果,首次对北极地区的气候条件进行了更广泛的概述介绍。

这两篇文章中提供的这些历史气象数据,对于过去130年的气候变化分析而言,是重要且极为有价值的资料来源。通过这些作品,博厄斯展示了他的科学技能、灵活性,以及在自然科学和社会科学之间转换的适应性。他对精确科学之间的科学方法和二分法进行了深思,这些科学旨在演绎"自然法则",似乎可以解释和预测,还深刻思考了人类发展的历史与自然环境之间的关系。博厄斯自1884年9月从北极回来后就一直在思考这些问题。1887年11月,他在《地理学研究》(Boas 1887-1888-Sc 1, reprint Boas 1940a)

一文中讨论了这些问题,当时地理学在美国还未成为一门成熟的学术学科。这篇文章可以被视为博厄斯科学思想中有关方法论的一个开端,因为他继续在社会科学领域,特别是在新兴的文化人类学领域中认识它们。博厄斯认为地理学是一门"描述性科学",他的"……关注点是整体地理现象",即关注自然环境和人类世界。他还认识到"自然学家和历史学家在处理地理问题上观点冲突"(Boas 1887–1888–Sc 1)。对这些博厄斯思想的讨论并没有减弱,正如最近在地理和人类学的主要教科书中收录的那篇文章(Agnew et al. 1996:173–180, Stocking 1996:9–16)和文献中的持续关注和讨论的(Stocking 1965, Speth 1978, Bunzl 1996:56–58, Liss 1996:155–156, Cole 1999:122, Lewis 2001, 2008)。

巴芬岛坎伯兰湾入口处的冰山,1883年7月28日

(绘图:弗朗兹·博厄斯;美国哲学学会)

巴芬岛坎伯兰湾入口处的一座带洞穴的冰山，1883年7月28日
（绘图：弗朗兹·博厄斯；美国哲学学会）

坎伯兰湾附近的漂流冰山，1883年8月初
（照片：弗朗兹·博厄斯；美国哲学学会）

坎伯兰湾附近的冰川崩裂,1883年8月初
（照片:弗朗兹·博厄斯;美国哲学学会）

12

博厄斯的后世影响：

知识、科学和普遍平等

博厄斯从小就对自然历史有着浓厚的兴趣，后来又学习自然科学、地理学和哲学，在追求知识的过程中，他表现出了决心、能力和求知欲。与这些特点相辅相成的是对人和社会的强烈的责任感，这与其家庭背景密不可分，德国犹太家庭的背景造就了他自由主义和国际主义的理想。博厄斯的社会化通过亲属及其社会、经济和政治关系的国际化网络得以扩大和加强（Brilling 1966，Bender-Wittmann 2007）。实现他的个人和科学抱负，满足他的生活愿景，并不是一件容易的事情。他明白，为了获得认可，尤其是在学术上被认可，他必须在任何方面都出类拔萃。他的第一个试验场是物理学和心理物理学，后来他放弃了物理学和心理物理学而完全投身于广义的地理学研究，将自然和人文相结合，研究特定物理环境下人与环境的关系。一旦开始研究因纽特人，那么他向民族学和民族志学研究的扩展是自然和合乎逻辑的。有关博厄斯在不同的科学领域所取得的卓越成就，在前几章回顾他所有关于因纽特人和北极环境的德文作品时都有阐述。这些作品篇幅不等，共计42项，约占出版总量的6%，在他的书目中占比虽小但相当重要。在我看来，博厄斯对因纽特人的文化历史、地理学和人类学研究贡献的历史考量，学者们在很大程度上都忽视了。

这些早期的德国出版物研究主题集中于自然地理学、人类地理学，附以地形图和地名图，研究主题还关注通过故事讲述的口述历史、探险史和捕鲸史。这海量的资料，可以追溯到130多年前，它是加拿大北极地区因纽特人文化历史的宝贵源泉。感谢英语简易读本的贡献，使这些资料更容易获取，特别是对今天也懂英语的因纽特人来说，他们如果想认识和了解19世纪晚期他们的祖先在北极的生活条件、文化、信仰和语言，将会很容易找到这方面的资料。19世纪晚期因纽特人正经历着探险家和捕鲸者的现代外来入侵浪潮，而仅仅在十到二十年前，基督教传教士（如圣公会）开始在北极活动，并在因纽特人社会引起重大的社会和文化变革。提高对这些原始资料的认识，有助于对博厄斯收集和提供的数据进行批判性的审查，然后以适当的方式将其与因纽特文化的现在和未来联系起来。

如今，博厄斯对北极人类学领域的影响仍然可以从他的作品和博物馆民族志藏品中感受到。博厄斯活跃的学术生涯中，在一定程度上对教育产生了影响，他通过介绍因纽特来进行文化比较研究，他在哥伦比亚大学担任人类学教授40多年，指导了大批研究生。博厄斯是许多学生的杰出导师，尤其鼓励女性学习和完成她们的学位(Zumwalt 2012)。在1901年到1939年间,他指导了47名研究生,其中26名男研究生和21名女研究生,在他的指导下,这些研究生在世界许多地方田野调查的基础上撰写学位论文,并获得博士学位。然而,博厄斯的学生则没几人能跟随他的脚步去做因纽特人的研究。在1897—1898年,博厄斯教授的人类学的第一批学生之一——阿尔弗雷德·路易斯·克罗伯研究了罗伯特·E.皮尔利(Robert E. Peary)从格陵兰带到纽约的6名因纽特人的生活和习俗。这些因纽特人成为美国自然历史博物馆重点保护的人,博厄斯当时就在那里工作(关于他们的生活故事和命运的详细信息,请参阅Harper 2000)。在博厄斯出版《中央爱斯基摩人》之后,克罗伯发表了一篇长篇论文(Kroeber 1899)。后来,作为博厄斯在哥伦比亚大学的第一个人类学博士学生,他写了一篇简短的28页的专题论文,关于阿拉帕霍人(Arapaho)的装饰艺术(Kroeber 1901)。另一名学生弗雷德里卡·德·拉古纳在丹麦人类学家的建议下,于20世纪20年代末在格陵兰岛进行了研究,并于1933年在博厄斯指导下获得了博士学位,她终身从事北极人类学研究(哥伦比亚大学人类学学生资料,Zumwalt 2013b)。

博厄斯在后半生作为一名社会活动家,通过科学、政治和个人参与,对种族和文化问题、种族关系以及人类普遍平等的看法给予了极大的关注。可以说,博厄斯之所以关注这些问题,源于他与因纽特人的接触和经历。1884年1月22日他与因纽特人一起在坎伯兰湾的浮冰上旅行,他在写给玛丽的书信日记中深刻反省一旦他从北极返回将要发生的事情:"而我想要的,我将为之而生为之而死的,是所有人的平等权利,为穷人和富人享有平等工作机会而奋斗! 你不认为一个人在这方面所做的哪怕是一点点,都比整个科学贡献加起来还要多吗?"(Müller-Wille, ed. 1998:171)。大约50年后的1931年7月30日,博厄斯在德国最后一次公开演讲是在母校基尔大学,他坚定地表达了他反对"种族差异和种族仇视"的立场,并公然谴责种族歧视和迫害(Boas 1932)。这一天是他的博士毕业50年纪念日,也是被授予医学荣誉博士学位的日子。博厄斯认为,"一个民族的行为本质上不是由生物血统定义的,而是由文化传统定义的"(Boas 1932:19)。演讲稿出版80周年之际,在基尔(Kiel)重新出版(Boas 2012)。在该书再版的附言中,哲学家和人类学家弗里德里希·波尔(Friedrich Pöhl)指出,博厄斯坚信"伪科学的种族主义是骇人的谬论或无耻的谎言"(Pöhl 2012:397)。博厄斯为人权的普遍性和人人平等而奋斗,他希望以这种方式提高社会和文化的道德素质。

弗朗兹·博厄斯在基尔大学发表强有力的演讲后不到两年,1933年3月27日,也是希特勒篡夺德国政权和政府两个月之后,弗朗兹·博厄斯公开自己的立场:反对纳粹意识形态与煽动叛乱,反对因种族、宗教和观点不同而进行排斥与镇压,尤其反对针对德国犹太人的一系列行为。他给魏玛共和国的总统保罗·冯·兴登堡发了一封直接的公开信(Offener Brief, reprinted in Sundergeld

1980：185-188），信中表达了他对纳粹政策的关注和愤怒。这封信通过秘密手段在德国广为传播。这是博厄斯个人和政治抗议活动的高潮。为了寻求改变，他为许多朋友、同事以及亲密的家庭成员提供了精神上和经济上的支持，赶在纳粹开始实施屠杀和种族灭绝的暴行之前，让他们及时逃离纳粹德国（Boas, N. 2004：232-261，Langenkämper 2009）。

1885 年 2 月，博厄斯在《纽约州报》为他开设的专栏《北极圈之下》（Below the Arctic Circle）的第二部分发表了一篇相当有启发性的真诚的文章（Boas 1885b）。他向读者解释了他是如何与因纽特人一起在北极生活和进行研究的。在结尾处，他回顾了自己在与外国人生活期间的智力发展和情感动荡，这些人现在被他视为"朋友"。在 19 世纪晚期，使用了现在被认为是贬义的称谓，但那时并不一定是贬义的：博厄斯称因纽特人为原始人，并且在他旅居巴芬岛近 60 年后仍然使用"原始人"（Primitive People）一词（Boas 1940b；Zumwalt 2013b）。

随着博厄斯吸取了那些哲学家和科学家的思想，这些哲学家和科学家研究成果成为他智力和精神力量的源泉，博厄斯的思想发生了转变。这些人是伊曼努尔·康德（Immanuel Kant）、约翰·戈特弗里德·赫尔德（Johann Gottfried Herder）、威廉·冯·洪堡和亚历山大·冯·洪堡（Alexander von Humboldt），这些学者都是他在早期的研究中特别欣赏的（for example on Herder see Broce 1986）。他们与康德都坚持人类普遍性的公理，阐述"语言、文化的多样性及其世界观"是极其重要的(Pöhl 2013)。博厄斯对这些思想的感激之情体现在他对康德的崇敬中,他把康德的作品带到北极,1883年12月16日,博厄斯在坎伯兰湾阿纳尼顿(Anarnitung)冰面上令人心碎的孤独中专心地阅读康德作品,以期得到启迪(Müller-Wille,ed. 1998:154)。

用博厄斯自己的话来结束本篇文章最合适不过。这些话证明了他哲学立场的转变,即从把人类划分为文明的人和原始人,转变到全人类、人类文化和语言都是普遍平等的。

此外,我还了解了当地人的风俗习惯,那时我们一起乘雪橇旅行,连续几天互相依赖,不得不一起打猎,一起分享饥饿和美好时光。你只需以这种方式与爱斯基摩人相处几周,就会认识到他们不仅仅是"原始人"。要更深入了解他们的特征和传统,要了解许多特殊的风俗习惯,就需要长时间的不懈努力,并对人的生活方式的每一种表达方式给予最仔细的观察,即使看起来似乎并不重要,也要格外注意。每一个新的观察都提供了新的思考主题,将各个观察之间贯穿一条主线,直到有一天,全部观察会融合成一个公正恰当的形象。在这个形象里,在最陌生的生活形式下,我们总会重新认识人类的思维和感情,他们的特征比我们预想的稍纵即逝的印象更接近我们(Boas 1885b,Part Ⅱ,February 22,1885)。

致　谢

　　本书最初萌芽于题为"因纽特人和北极环境:19世纪80年代弗朗兹·博厄斯科学方法和解释的开端"(Inuit and Arctic Environment: The Beginnings of Franz Boas's Scientific Approaches and Interpretations in the 1880s)的短文。2012年10月25日,在美国华盛顿史密森学会举办了第十八届因纽特研究学术会议,我将论文《从博厄斯到伯奇:因纽特人研究的一百年,1880—1980年》(From Boas to Burch: One Hundred Years of Inuit Studies, 1880—1980)提交给了由伊戈尔·克鲁普尼克(Igor Krupnik)组织和主持的分会场。我没能参加会议,伊戈尔·克鲁普尼克友好地同意在大会上宣读我的报告。

　　民族学教授鲁迪格·肖特,也是我在明斯特大学(Westfälische Wilhelms-Universität)的博士导师,在1965—1966冬季学期的第一堂课上就向他的第一批学生介绍了弗朗兹·博厄斯及其对民族学的重要性。这是我阅读博厄斯著作的开始。不久之后,1966年4月,伯恩哈德·布里林(Bernhard Brilling)的一篇文章(1966)让我

112

对博厄斯的个人生活和职业生涯产生了兴趣。自1973年以来,我对加拿大北极中部(Canadian Central Arctic)、努纳武特巴芬岛的坎伯兰湾、魁北克(Arctic Québec)北极地区的努纳维克(Nunavik)的因纽特人展开研究。这些研究使我想更深入地研究博厄斯的科学贡献,这也促使我与琳娜·韦伯·穆勒-威勒(Linna Weber Müller-Wille)一起对努纳维克(Nunavik)和努纳武特的因纽特地名进行广泛调查,并抄录和整理了他在北极考察时的日记和信件。

1982—1983年,在马堡大学(Philipps-Universiät in Marburg)的休假年期间,我开始对博厄斯进行档案和文学研究,访问并接触了德国(德意志联邦共和国和德意志民主共和国)和丹麦的档案馆和图书馆。在此期间,在我妻子琳娜·韦伯·穆勒-威勒的专业协助下,以及我们的孩子朗纳(Ragnar)、韦雷纳(Verena)和格温·穆勒-威勒(Gwen Müller-Wille)的坚定帮助下,我开始研究博厄斯有关巴芬岛的地名和地形图的作品,将因纽特人地名从博厄斯的原始地图中转换到现代地形图。1984年8月,我和妻子继续推进这个项目,与因纽特人一起研究坎伯兰湾和戴维斯海峡一带的地名。1983年8月,我在美国宾夕法尼亚州费城的美国哲学学会手稿图书馆待了一周,研究博厄斯论文的原稿以及后来的微缩胶片和纸质副本。自1983年以来,手稿图书馆馆员斯蒂芬·卡特利特(Stephen Catlett)、贝丝·卡罗尔-霍罗克斯(Beth Carroll-Horrocks)和查尔斯·B.格里芬斯坦(Charles B. Greifenstein)一直帮我提供信息和获取档案资源的途径。

感谢各位同事多年来对我的友好合作和亲切支持：来自德国的乌苏拉·本德-维特曼（Ursula Bender-Wittmann）（明登）、伯纳德·吉塞金（Bernd giesing）（多特蒙德）、米奇·克内赫特（Michi Knecht）（不来梅）、于尔根·朗根卡姆珀（Jürgen Langenkämper）（明登），以及来自美国的诺曼·弗朗兹·博厄斯（Norman F. Boas）（康涅狄格州密斯迪克）和格特鲁德·迈克尔森（Gertrude Michelson）（马萨诸塞州桑菲尔德），他们两个是弗朗兹·博厄斯的孙子。和以前一样，拉格纳·穆勒-威勒（Ragnar Müller-Wille）（加拿大魁北克省圣兰伯特）依旧提供编辑意见和数字化插图技术支持，非常感谢他的贡献。

在准备这本书时，令我惊喜的是，罗斯玛丽·莱维·祖姆沃尔特在2013年1月1日发送了一封友好的短信与我联系，她进行研究时阅读了博厄斯的北极日记，对我的校订和注释表示赞赏。从那以后，她通过大量的信件和电话热情洋溢地与我讨论博厄斯有关问题，一直激励、启发着我。感谢她的关注、鼓励和慷慨大方地与我分享档案信息。

伊冯·松卡（Yvon Csonka）（瑞士纳沙泰尔）、伊戈尔·克鲁普尼克（Igor Krupnik）（美国华盛顿）、斯塔凡·穆勒-威勒（Staffan Müller-Wille）（英国埃克塞特）、佩尔蒂·J.佩尔托（Pertti J. Pelto）（印度普纳）、弗里德里希·波尔（Friedrich Pöhl）（奥地利因斯布鲁

114

克）、威廉·A.韦伯（William A. Weber）（美国科罗拉多州的博尔德市）和罗斯玛丽·莱维·祖姆沃尔特（美国佐治亚州达洛尼加），以上这些学者在不同阶段认真阅读该书的草稿,提出宝贵的意见和建议,我修改时采纳了绝大部分。非常感谢他们的支持、鼓励和合作。

我要感谢加拿大魁北克省蒙特利尔的巴拉卡图书出版公司（Baraka Books）的罗宾·菲尔波特（Robin Philpot）,他在2011年出版了我和伯恩德·吉塞金（Bernd Gieseking）合著的《威廉·威克的北极日记》（*Wilhelm Weike's Arctic diaries*）,现在已经同意出版本书。他一直是一个鼓舞人心的支持者,能够提出专业问题并提供建设性的编辑建议。作为一名作家,我很高兴能再次与他共事。特别感谢蒙特利尔弗里欧·安弗格若费（Folio Infographie）公司的乔斯·兰斯卡特（Josée Lalancette）,她为本书所做的设计很合我意。

加拿大魁北克省圣兰伯特的琳娜·韦伯·穆勒–威勒以她温柔、耐心、沉稳、专业的态度审阅、编辑稿件,改正和调整语言及风格。我永远感激她的陪伴和承诺。最后,我负责本书内容撰写。

人员列表

一、博厄斯家族

迈尔·博厄斯（Boas, Meier, 1823—1899），弗朗兹·博厄斯的父亲，1887年前是明登零售商人，后来搬到柏林，做细货出口。

索菲·博厄斯（Boas, Sophie, 1828—1916），本姓为迈尔，弗朗兹·博厄斯的母亲，明登弗洛贝尔幼儿园（Fröbel Kindergarten）创始人和社会活动家，1887年搬到柏林。

海伦·博厄斯（Boas, Helene, 1852—1857），明登，弗朗兹·博厄斯的姐姐。

安东尼·博厄斯（Boas, Antonie, 1855—1935），钢琴家，音乐教师，弗朗兹·博厄斯的姐姐；嫁给了柏林教师路德维希·沃劳尔（Ludwig Wohlauer）。

弗朗兹·博厄斯（Boas, Franz, 1858—1942），物理学家，地理学家；1899—1936年任纽约市哥伦比亚大学人类学教授。1883年5月秘密与玛丽·克拉科维泽（Marie Krackowizer）订婚，并于1887

年3月与她结婚。

恩斯特·博厄斯（Boas, Ernst, 1861），不到一岁去世，明登，弗朗兹·博厄斯的弟弟。

海德薇·博厄斯（Boas, Hedwig, 1863—1949），弗朗兹·博厄斯的妹妹；嫁给了柏林教师鲁道夫·莱曼（Rudolph Lehmann）；1939年移居美国。

安娜·博厄斯（Boas, Aenna, 1867—1946），弗朗兹·博厄斯的妹妹；嫁给柏林啤酒制造商朱利叶斯·乌尔巴赫（Julius Urbach）；20世纪30年代移居巴西。

二、其他人物

海因里希·阿贝斯（Abbes, Heinrich, 1856—1937），自然科学家；1882—1883年国际极地年期间是德国坎伯兰湾金瓜极地研究站成员；曾就读于汉诺威大学、哥廷根大学和海德堡大学（1894年获博士学位）；一直生活在不伦瑞克，直到去世。

利奥波德·安布罗恩（Ambronn, Leopold, 1854—1930），天文学家，德国极地研究站副组长（参见 Abbes），乔治-奥古斯特-哥廷根大学天文学教授。

阿兰·安格马利克（Angmarlik, Allan, 1957—2000），教育家，历史学家，努纳武特庞纳唐人；2000年6月29日，艺术家西玛塔·皮特修拉克（Simata Pitsiulak），一架超轻型飞机的拥有者和飞行员,带着安格马利克乘飞机从基米鲁特(Kimmirut)飞往努纳武特的伊魁特(Iqaluit),遭遇恶劣天气,飞机坠毁,两人都不幸遇难。

阿道夫·巴斯蒂安(Bastian, Adolf, 1826—1905),民族学家,柏林民族博物馆创始人和第一任馆长;弗朗兹·博厄斯科学计划的热心支持者。

罗伯特·贝尔(Bell, Robert, 1841—1917),加拿大地质调查局地质学家,内科医生,北极研究员。

威廉·冯·贝佐德(Bezold, Wilhelm von, 1837—1907),气象学家,柏林弗里德里希·威廉姆斯大学教授。

埃米尔·贝塞尔(Bessels, Emil, 1846—1888),内科医生,博物学家,欧洲北冰洋(1869—1870)探险队探险家,华盛顿史密森学会的查尔斯·弗朗西斯·霍尔领导的北极星探险队科学家。

奥托·冯·俾斯麦(Bismarck, Otto Fürst von, 1815—1898),1871—1890年任德意志帝国宰相。

杰拉尔德·L.布鲁斯(Broce, Gerald L., 1942—2011),人类学家;明斯特大学毕业生(1966—1968);科罗拉多大学斯普林斯分校教授。

道格拉斯·科尔(Cole, Douglas, 1938—1997),历史学家,加拿大不列颠哥伦比亚省温哥华西蒙弗雷泽大学教授;弗朗兹·博厄斯的传记作者。

查尔斯·达尔文(Darwin, Charles, 1809—1882),英国博物学

家,进化论者。

弗雷德里卡·德·拉古纳(de Laguna, Frederica, 1906—2004),
人类学家,1933年哥伦比亚大学弗朗兹·博厄斯的博士,宾夕法尼
亚州布林莫尔市布林莫尔学院教授。

威廉·爱得华·伯格哈特·杜波依斯(Du Bois, W. E. B., 1868—
1963),社会学家,历史学家,民权活动家,佐治亚州亚特兰大大
学教授;1909年创建的全国有色人种促进会(NAACP)的创始人
之一。

威廉·杜瓦尔(Düwel, Wilhelm, 1858—1931),德裔美国人,坎
伯兰湾的捕鲸者和商人,1879年移居北极,娶了一个因纽特女人;
他的后代居住在庞纳唐和其他地方。

本诺·埃尔德曼(Erdmann, Benno, 1851—1921),哲学家,基尔
大学教授,当时著名的康德研究学者;弗朗兹·博厄斯在基尔大学
的教授。

阿克萨乌克·埃图安加(Etuangat, Aksayuk, 1901—1996),猎
人、捕鲸者,努纳武特庞纳唐政府医生的向导和助手;受人尊敬的
因纽特人知识守护者;他的祖父母和父母在1883—1884年遇到了
弗朗兹·博厄斯和威廉·威克。

西奥博尔德·费舍尔(Fischer, Theobald, 1846—1910),地理学
家,伯恩大学、基尔大学和马尔堡大学教授;弗朗兹·博厄斯在伯
恩大学和基尔大学的教授。

约翰·富兰克林爵士(Franklin,Sir John,1786—1847),英国皇家海军军官,北极探险家,1847年夏天作为领队搜寻西北航道时去世。

乔格·格兰德(Gerland,Georg,1833—1919),地理学家,地球物理学家,民族学家,位于阿尔萨斯大区的斯特拉斯堡大学教授,阿尔萨斯在1871—1918年是德国领土一部分。

阿道弗斯·格里利(Greely,Adolphus,1844—1935),美国陆军军官,1881—1884年任雷德富兰克林海湾探险队队长,曾勘探加拿大北极埃尔斯米尔岛,也是1882—1883国际极地年的一部分。

恩斯特·海克尔(Haeckel,Ernst,1834—1919),动物学家,哲学家,耶拿大学教授;生态学倡导者。

查尔斯·弗朗西斯·霍尔(Hall,Charles Francis,1821—1871),北极探险家;担任多个美国探险队的队长,参加1871—1873北极星探险队时死于1871年。

赫尔曼·冯·亥姆霍兹(Helmholtz,Hermann von,1821—1894),生物学家,物理学家,弗里德里希·威廉姆斯大学教授;弗朗兹·博厄斯的拥护者。

约翰·戈特弗里德·赫尔德(Herder,Johann Gottfried,1744—1803),哲学家,语言学家;研究口头文学和文化认同。

保罗·冯·兴登堡(Hindenburg,Paul von,1847—1934),普鲁

士–德国军官,第一次世界大战期间总参谋长和总陆军元帅,
1925—1934年魏玛共和国第二任总统。

纳撒尼尔·达纳·卡莱尔·霍奇斯(Hodges,Nathaniel Dana Car-
lisle,1851—1927),1885—1894年担任纽约《科学》杂志编辑。

亚历山大·冯·洪堡(Humboldt,Alexander von,1769—1859),
威廉·冯·洪堡的弟弟,地理学家,博物学家,1799—1804年在拉丁
美洲和北美游历,1829年在俄罗斯游历;无党派学者,曾居住在巴
黎和柏林。

威廉·冯·洪堡(Humboldt,Wilhelm von,1767—1835),学者,
语言学家,政治家,柏林弗里德里希·威廉姆斯大学的联合创始人
(1949年改名为洪堡大学);普鲁士教育制度的改革者。

亚伯拉罕·雅可比(Jacobi,Abraham,1830—1919),弗朗兹·博
厄斯母亲的妹妹芬妮·迈尔(Fanny Meyer,1833—1851)的鳏夫;
1848年德国革命的参与者;纽约城市大学儿科医生;弗朗兹·博厄
斯的顾问和赞助人。

伊曼努尔·康德(Kant,Immanuel,1724—1804),哲学家,普鲁
士柯尼斯堡大学教授(今:俄罗斯联邦加里宁格勒)。

古斯塔夫·卡斯滕(Karsten,Gustav,1820—1900),物理学家,
基尔大学教授;弗朗兹·博厄斯物理学教授和导师。

海因里希·基珀特(Kiepert,Heinrich,1818—1899),历史地理
学家,制图师,柏林弗里德里希·威廉姆斯大学教授;1886年担任

弗朗兹·博厄斯教授资格审查人。

阿尔弗雷德·基尔霍夫(Kirchhoff, Alfred, 1838—1907),地理学家,哈雷大学教授。

塞缪尔·克莱因施密特(Kleinschmidt, Samuel, 1814—1886),丹麦-德国摩拉维亚传教士,语言学家和格陵兰语的推广者。

海因里希·W. 克鲁斯查克(Klutschak, Heinrich W., 1848—1890),布拉格工程师;艺术家,北极和南极旅行家,1878—1880年由弗雷德里克·施瓦特卡(Frederick Schwatka)领导的富兰克林探险队成员。

玛丽·克拉科维泽(Krackowizer, Marie, 1861—1929),父母是奥地利人(父亲恩斯特,1821—1875,纽约市医生;参加1848年维也纳革命);1887年和弗朗兹·博厄斯结婚。

阿尔弗雷德·路易斯·克罗伯(Kroeber, Alfred Louis, 1876—1960),人类学家,弗朗兹·博厄斯在哥伦比亚大学的第一位博士生,加利福尼亚大学伯克利分校人类学教授。

奥托·克鲁梅尔(Krümmel, Otto, 1854—1912),地理学家,海洋学家,基尔大学(Christian-Albrechts-Universität Kiel)教授。

阿尔伯特·拉登堡(Ladenburg, Albert, 1842—1911),化学家,基尔大学教授和院长。

亚瑟·莱维斯(Levysohn, Arthur, 1841—1908),《柏林日报》主编。

莫里茨·林德曼（Lindeman, Moritz, 1823—1908），不来梅极地地理学家。

费利克斯·里特·冯·吕尚（Luschan, Felix Ritter von, 1854—1924），医师，体质人类学家，民族志学家，皇家民族学博物馆（今：民族学博物馆）；柏林弗里德里希·威廉姆斯大学教授。

奥蒂斯·塔夫顿·梅森（Mason, Otis Tufton, 1838—1908），民族学家，华盛顿史密森学会馆长。

乔治·W. 梅尔威勒（Melville, George W., 1841—1912），美国海军少将，极地探险家，1879—1881年珍妮特探险队成员。

鲁道夫·莫斯（Mosse, Rudolf, 1843—1920），《柏林日报》所有人。

约翰·默多克（Murdoch, John, 1852—1925），博物学家，民族志学家，1882—1883国际极地年探险队在阿拉斯加成员；华盛顿史密森学会馆员。

詹姆斯·穆奇（Mutch, James, 1847—1931），1865—1922年捕鲸人和商人；1883—1884年巴芬岛凯克滕苏格兰捕鲸站经理；弗朗兹·博厄斯的翻译——因纽特语翻译为英语——和合作者。

乔治·冯·诺伊迈尔（Neumayer, Georg von, 1826—1909），地球物理学家，极地科学家，汉堡的德意志海事天文台（Deutsche Seewarte）创始人和负责人；1882—1883年国际极地年的杰出组织者。

奥开通(Oqaitung),生卒年不详,1882—1883在巴芬岛坎伯兰湾受雇于德国金瓜极地研究站,1883—1884年被弗朗兹·博厄斯雇为助手。

威廉·爱德华·帕里(Parry, William Edward, 1790—1855),英国海军军官,寻找西北航道的探险家,在1818—1827年间领导了几次探险。

罗伯特·E.皮尔利(Peary, Robert E., 1856—1920),美国海军工程师,加拿大和格陵兰岛沿岸的北极探险家(1886—1909),于1909年将他颇有争议的旅程带到了北极。

约翰·韦斯利·鲍威尔(Powell, John Wesley, 1834—1902),地质学家、探险家,华盛顿史密森学会民族学局局长。

弗里德里希·拉采尔(Ratzel, Friedrich, 1844—1904),旅行记者,动物学家,地理学家,莱比锡大学教授;人类地理学和政治地理学的发起人;弗朗兹·博厄斯北极研究计划的坚定支持者。

费迪南德·弗赖尔·冯·里奇霍芬(Richthofen, Ferdinand Freiherr von, 1833—1905),地理学家,波恩大学、弗里德里希·威廉姆斯大学教授。

辛里奇·约翰内斯·林克(Rink, Hinrich Johannes, 1819—1893),博物学家,民族学家以及哥本哈根行政人员;丹麦皇家格陵兰贸易部主任。

约翰·里提格(Rittig, John, 1829—1885),《纽约州报》记者兼

编辑,1848年德国革命的参与者。

威廉·谢勒(Scherer,Wilhelm,1841—1886),语言学家,日耳曼文学专家,维也纳人;柏林弗里德里希·威廉姆斯大学教授、系主任。

鲁迪格·肖特(Schott,Rüdiger,1927—2012),民族学家,非洲语言研究者,明斯特大学(Westfälische Wilhelms - Universität Münster)教授。

卡尔·舒尔茨(Schurz,Carl,1829—1906),1848年革命的参与者;美国政治家,内战时期的将军,1877—1881年任内政部长;弗朗兹·博厄斯的坚定支持者。

阿尔弗雷德·塞尔温(Selwyn,Alfred,1824—1902),地质学家,担任位于渥太华的加拿大地质调查局局长。

西加(Signa,1848—1895),坎伯兰湾猎人,1883—1884年受雇于弗朗兹·博厄斯担任其助手。

亚历山大·苏潘(Supan,Alexander,1847—1920),地理学家,制图师,维也纳人;哥达布珀斯出版社《彼得曼地理通讯》编辑。

马吕斯·普特朱特·通吉利克(Tungilik,Marius Putjuu,1957—2012),公务员,谈判家,努纳武特里帕尔斯贝加拿大广播公司北方频道(CBC North)记者;1988年,他首次公开声明加拿大寄宿学校对土著儿童的性侵,这促使2007年加拿大成立真相与和解委员会。

马克·通吉利克(Tungilik, Mark, 1913—1986)，里帕尔斯贝猎人，雕刻师，以肥皂石、象牙、鹿角和骨头的微小雕塑而闻名；马吕斯·P.通吉利克的父亲。

卢西安·特纳(Turner, Lucien, 1848—1909)，美国陆军信号兵，博物学家，民族志学家，曾在1874—1881年参加阿拉斯加探险队和1882—1884年参加加拿大探险队探险活动。

鲁道夫·冯·维尔楚(Virchow, Rudolf von, 1821—1902)，弗里德里希·威廉姆斯大学教授，夏里特医院(Charité Hospital)医生；柏林国会的长期议员。

赫尔曼·瓦格纳(Wagner, Hermann, 1840—1929)，地理学家，乔治–奥古斯特–哥廷根大学教授。

威廉·威克(Weike, Wilhelm, 1859—1917)，明登博厄斯家仆人(1879—1885)；1883—1884年弗朗兹·博厄斯在巴芬岛时的仆人；1886年初搬到柏林，在那里他断断续续地继续为博厄斯一家工作。

威廉一世(Wilhelm I., 1797—1888)，普鲁士国王，德意志帝国的皇帝(1871—1888)。

参考文献

一、档案来源

AEM – Archiv des Ethnologischen Museums der Staatlichen Museen zu Berlin（Preußischer Kulturbesitz）, formerly Museum für Völkerkunde, Berlin, Germany. Inventory: America, Franz Boas Collection, IV A, Volume 2, 1862–1908（accessed and reviewed in Berlin, March 1, 1983）.

APS – American Philosophical Society, Philadelphia, Pennsylvania, USA. Franz Boas Collections（FBC）, 1862–1942, B: B61. Franz Boas Professional Papers（FBPP）, B: B61p; Franz Boas Family Papers（FBFP）, Franz Boas Print Collection, B: B61p, B: B61.5（accessed on site, August 15 to 19, 1983, and on copies and microfilms later on）.

HUBA – Humboldt-Universität zu Berlin-Archiv, Berlin, Germany. Inventory: Philosophische Fakultät, Nr. 1213: Habilitationsakte Franz Boas, 19. Januar – 5. Juni 1886（Faculty of Philosophy, No.

1213: Habilitation File Franz Boas, January 19 to June 5, 1886); course catalogue 1886–1887 (copy courtesy of Michi Knecht, May 23, 2008).

RLC – Royal Library, Copenhagen, Denmark. Rink Papers, Eskimoiske Sagn og Sange samlede af Dr. F. Boas paa Baffins–Land (Eskimo tales and songs collected by Dr. F. Boas on Baffin's Land). Ny kongelige Samling (New Royal Collection), No. 2488, IX, 50 pages, letters. Archive of The Royal Library, Copenhagen (accessed on site and materials copied, March 24, 1983)

二、弗朗兹·博厄斯的作品

注：这里列出的每一条目都已由作者检查和核实其书目信息。斜体注释（编者按：本书中译为中文）和括号中德语标题的英译均由作者自行完成。加有星号标识的条目是作者在对弗朗兹·博厄斯进行研究时新发现并核实的；现有的两本关于弗朗兹·博厄斯出版作品的书目的出版物中没有将这些条目列出（Andrews 1906，Andrews and others 1943）。

在职业生涯的早期，博厄斯保存了出版物的手写目录，以便申请教授资格和以后使用。第一份按时间顺序排列且几乎完整的书目是由波士顿的 H. A. 安德鲁斯（H. A. Andrews）女士整理的，博厄斯于 1887—1889 年在《科学》杂志工作时就认识了她，他俩曾一起共事。人们对安德鲁斯的了解并不多,就连她名字的首字母也从未在书刊文字中出现过。从博厄斯的信件中我们得知安德鲁斯和博厄斯一家有来往。后来,1897年,博厄斯聘请她担任自己在美国自然历史博物馆(American Museum of Natural History)的秘书。在那里,除其他事务外,她负责杰瑟普北太平洋探险队(Jesup North Pacific Expedition)的出版物,还担任博厄斯的速记员、打字员、编辑和办公室主任,成为他不可或缺的得力助手。当博厄斯在1905年5月离开美国自然历史博物馆时,他安排安德鲁斯一同去哥伦比亚大学(Cole 1999:221,241-242,247)。她继续担任出版物手稿的编辑,直到1923年病重(Andrews to Boas,July 26,1923,APS/FBPP,Boas, N. 2004:163,Zumwalt 2013b)。

H. A. 安德鲁斯编撰的书目列出了博厄斯在1880—1906年间(Andrews 1906:515-545)的302份出版或发表作品,并依次连续编号(p 515-537),安德鲁斯负责编辑其中的35项(p 538-540),以及一个主题索引(p 540-545)。这一书目是纪念文集的最后一部分,被称为博厄斯周年纪念卷(Laufer 1906),是为纪念博厄斯1881年8月9日在基尔大学取得博士学位25周年而出版的。安德鲁斯成功地完成了一项艰巨的书目工作,并为她的接替者奠定了基础。博厄斯的秘书和孜孜不倦的书目工作者的名字并不是所有人都知道,除了安德鲁斯和伯莎C.埃德尔(Bertha C. Edel),其他人的名字从未在书刊中出现过。

这些女性继续按照安德鲁斯设定的高标准,记录博厄斯后来的作品,他是一个多产的著者。许多学者依赖她们的工作对博厄斯进行研究,为了表彰她们伟大的书目贡献,我在这里列出了所有已知的女秘书,并提供了尽可能多的有关她们的信息。尽管这一做法不寻常,但我敬重她们的信念、勤奋和奉献,她们最终完成博厄斯作品的第二部书目也是最完整的书目,书目是开展研究不可或缺的工具和资源。这一书目于1943年以"H. A. 安德鲁斯和其他1943人员"作为作者,秘书之一的伯莎C.埃德尔作为编辑。1880—1943年按每年编号列出了711个条目,还列出了交叉引用和鉴定版本、翻译、各种版本、未出版的手稿和编辑校订(p 67-109),并附有详细的主题索引(p 110-119)。

H. A. 安德鲁斯(H. A. Andrews)女士,1897—1923年任秘书、编辑。

米尔德雷德·唐斯(Mildred Downs),1916—1919年任秘书。

埃丝特·希夫·戈德弗兰克(Esther Schiff Goldfrank,1896—1997),1918年巴纳德学院学士,1919—1922年任秘书,人类学家,曾与埃尔西·克莱斯·帕森斯(Elsie Clews Parsons)和鲁斯·本尼迪克特共事。

露丝·利亚·伯恩海姆·本泽尔(Ruth Leah Bernheim Bunzel,1898—1990),1918年巴纳德学院学士,1922—1924年任秘书,1929年哥伦比亚大学博厄斯的博士,人类学家,哥伦比亚大学讲师兼兼职教授。

伯莎·科恩（Bertha Cohen），1931年的秘书。

露丝·布莱恩（Ruth Bryan），20世纪30年代的秘书。

伯莎·C.埃德尔（Bertha C. Edel），莱昂夫人（Mrs. Leon，1904—1994），20世纪30年代中期的秘书，1943年出版书目的编辑。

我非常感谢罗斯玛丽·莱维·祖姆沃尔特提供的有关上述女性的个人信息（Zumwalt 2013b）。

以下为弗朗兹·博厄斯的出版物。

1880   Über die in der Jetztzeit stattfindenden Veränderungen der Oberflächenform der Erde（Concerning the changes in the earth's surface formation occurring at the present time）. New-Yorker Belletristisches Journal, Friday, November 12, 1880.

1881   Beiträge zur Erkenntnis der Farbe des Wassers（Contributions to the Perception of the Colour of Water）. Dr. phil., dissertation, Faculty of Philosophy, Christian Albrechts-Universität at Kiel. Kiel: Schmidt & Klaunig. 44 pp., 4 tables, 2 figs.

1882—1884   Hand-written letters and journals in German, Germany – Baffin Land – New York, May 14, 1882 – September 20, 1884（APS/FBFP）.

1882—1884 年手写信件和日记的德语版见于穆勒-
威勒 1994 年主编出版的图书中第 25—264 页, 英
语版见其 1998 年主编出版的图书第 33—266 页; 部
分信件和日记英文版本另可见科尔 1983 年出版的
著作。

1883a   Über die ehemalige Verbreitung der Eskimos im arktis-chamerikanischen Archipel (Concerning the earlier distribution of the Eskimos in the Arctic American Archipelago). Zeitschrift der Gesellschaft für Erdkunde zu Berlin 18, 2:118- 136, Plate II.

1883b   Über die Wohnsitze der Neitchillik-Eskimos (Concerning the settlements of the Neitchillik-Eskimos). Zeitschrift der Gesellschaft für Erdkunde zu Berlin 18, 3:222-233, Plate III.

1883c   B. [Boas, Franz]. Neueste Nachrichten über die Eskimos des Cumberland-Sund (Most recent news about the Eskimos of Cumberland Sound). Deutsche Geographische Blätter 6, 2:172-178.

路德维希·库姆连(1853—1902)在其 1879 年出版
作品中第 11—46 页对博厄斯的这篇文章进行了评
价, 题目为《民族学:坎伯兰湾爱斯基摩人的零星

注释》。

1883d*   Brief des Dr. Boas an den Vorstand der Gesellschaft für Erdkunde in Berlin. Kikkerton, 25. September 1883（Letter by Dr. Boas to the Board of the Gesellschaft für Erdkunde in Berlin, Kikkerton, 25 September 1883）. Verhandlungen der Gesellschaft für Erdkunde zu Berlin 10, 9–10: 476–477.

1883—1885   这一时期博厄斯在《柏林日报》发表了一系列文章，编号为 BT 1—18。可参见穆勒–威勒 1984 年作品第 119—120 页；BT 3—18 的英译版可参见 2009 年出版的博厄斯作品第 1—53 页。

试用文章（Trial articles）

BT 1   F. B. [Franz Boas]. Der dritte deutsche Geographentag – I. Spezial–Bericht. Frankfurt a. M., 29. März [1883] (Third German Assembly of Geographers – I. Special Report. Frankfurt a. M., 29 March [1883]). Berliner Tageblatt, Evening Edition, Friday, 30 March 1883, Vol. 12, No. 148: 2–3.

大会于 1883 年 3 月 29 日至 31 日举行。在安德鲁斯 1906 年以及安德鲁斯等人 1943 年出版的书目中,并未列出博厄斯于 1883 年 3 月 29 日发表的这篇文章。

BT 2   F. B.［Franz Boas］. Der dritte deutsche Geographentag
        – II. Spezial–Bericht. Frankfurt a. M., 30. März
        ［1883］（Third German Assembly of Geographers –
        II. Special Report. Frankfurt a. M., 30 March
        ［1883］）. Berliner Tageblatt, Morning Edition, First
        Supplement, Sunday, 1 April 1883, Vol. 12, No.
        151:4.

BT 3   ［Franz Boas］Die Entdeckung der Nord–West–Durch-
        fahrt. Original–Feuilleton des Berliner Tageblattes.
        （The discovery of the Northwest Passage. Original fea-
        ture article of the Berliner Tageblatt）. Berliner Tageb-
        latt, Evening Edition（title page）, Wednesday, 30 May
        1883, Vol. 12, No. 241:1–2.

        这篇文章署名为"《柏林日报》编辑",实际作者是
        博厄斯,博厄斯将这篇文章列入个人和手写出版
        物清单。

委托文章（Commissioned articles）

文章BT 4从苏格兰寄出，文章BT6—8从坎伯兰湾寄出。

BT 4   Dr. F. Boas. Ins Eismeer! Reise-Vorbereitungen. Fahrt der "Germania" durch die Nordsee（Towards the Polar Sea! Travel preparations. Voyage by the "Germania" through the North Sea）. Berliner Tageblatt, Morning Edition（title page），Saturday, 4 August 1883, Vol. 12, No. 359：1-2.

1883年6月27日，第一份报告从彭特兰湾通过渔船送达苏格兰的斯特洛马，然后从那里发送到柏林。

BT 5   Dr. Fr. Boas. Die Polarexpedition von Charles Francis Hall（Charles Francis Hall's polar expedition）. Berliner Tageblatt, Evening Edition（title page），Tuesday, 4 September 1883, Vol. 12, No. 417：1-2.

文章很可能是在出发前写的，用作《柏林日报》的系列报道。

BT 6   Dr. F. Boas. Aus den Eis-Regionen. An Bord der Germania, 26. August 1883. Fahrt der Germania von Pentland Firth nach Cumberland Sund（From the Frozen Lands. On board the Germania, 26 August 1883. Germania's voyage from Pentland Firth to Cumberland Sound). Berliner Tageblatt, First Supplement, Sunday, 28 October 1883, Vol. 12, No. 505: 4-5.

BT 7　　Dr. Fr. Boas. Im Eise des Nordens. Kikkerton, 14. September 1883 (In the Northern Ice. Kikkerton, 14 September 1883). Berliner Tageblatt, First Supplement, Sunday, 4 November 1883, Vol. 12, No. 517: 4-5.

BT 8　　Dr. F. Boas. Aus dem Eise des Nordens. Kikkerton, 25. September [1883] (From the Northern Ice. Kikkerton, 25 September [1883]). Berliner Tageblatt, First Supplement, Sunday, 25 November 1883, Vol. 12, No. 553: 4. 返程前的最后一份报告是在冰冻之前从巴芬岛送达柏林的。

BT 9　　Dr. F. Boas. Kurzer Bericht über meine Reisen in Baffinland. St. Johns, Newfoundland, 6. September 1884 (Short report on my journeys in Baffin Land. St. John's, Newfoundland, 6 September 1884). Berliner Tageblatt, First Supplement, Sunday, 28 September 1884, Vol. 13, No. 455: 2, map. 离开巴芬岛后的第一份报告是从纽芬兰的圣约翰发出的;这份报告包括一张坎伯兰湾和戴维斯海峡

地图，上面有博厄斯绘制的因纽特人的地名。

文章 BT 10—16 从纽约寄到柏林。

BT 10 Dr. Franz Boas. Der Walfischfang im Cumberland-Sunde（Whaling in Cumberland Sound）. Berliner Tageblatt, Second Supplement, Sunday, 19 October 1884, Vol. 13, No. 491:6-7.

BT 11 Dr. Franz Boas. Die Eskimos des Cumberland-Sundes und der Davisstraße（The Eskimos of Cumberland Sound and Davis Strait）. Berliner Tageblatt, First Supplement, Sunday, 2 November 1884, Vol. 13, No. 515:4. 后改译为《坎伯兰湾及其爱斯基摩人》，发表在《大众科学月刊》1885 年 4 月第 768—779 页。

BT 12 Dr. Franz Boas. Reise nach Paquistu［Pangnirtung］（Trip to Pangnirtung）. Berliner Tageblatt, First Supplement, Sunday, 9 November 1884, Vol. 13, No. 527:4-5.

BT 13 Dr. Franz Boas. Ssedna und die religiösen Herbstfeste（Ssedna and the religious fall festival）. Berliner Tageblatt, Second Supplement, Sunday, 16 November 1884, Vol. 13, No. 539:6-7.

BT 14 Dr. Franz Boas. Der Hundeschlitten. Nordische Skizzen für das "Berliner Tageblatt"（The Dog Sled. Nordic travel sketch for the "Berliner Tageblatt"). Berliner Tageblatt, Second Supplement, Sunday, 23 November 1884, Vol. 13, No. 551:6-7.

BT 15　　Dr. Franz Boas. Beim Gastfreunde. Nordische Reiseskizze (With the often-time host. Nordic travel sketch). Berliner Tageblatt, Second Supplement, Sunday, 28 December 1884, Vol. 13, No. 610:6-7.

BT 16　　Dr. Franz Boas. Reise nach Anamitung [Anarnitung]. Nordische Reisebilder (Trip to Anarnitung. Nordic travel images). Berliner Tageblatt, Second Supplement, Sunday, 4 January 1885, Vol. 14, No. 5:6-7.

文章BT 17—18在柏林提交。

BT 17　　Dr. Franz Boas. Aus dem hohen Norden. Reisebriefe für das "Berliner Tageblatt". Die letzten Wochen im Lande des ewigen Eises (From the Far North. Travel letters for the "Berliner Tageblatt". The last weeks in the Land of Eternal Ice). Berliner Tageblatt, First Supplement, Friday, 3 April 1885, Vol. 14, No. 170:4-5.

BT 18　　Dr. Franz Boas. Ititaija. Eine Eskimo-Sage (Ititaija. An Eskimo Tale). Berliner Tageblatt, Monday, 27 April 1885, Vol. 14., No. n.d., 2 pages.

这一故事可参见博厄斯作品 1887a。完整版参见作品 1888c 第 398—400 页。还可参见作品 1888e《中央爱斯基摩人》第 409 页以及第 615—618 页,在这部作品中博厄斯补充说:"这一传说被删减,因为有些部分被认为不适合出版。"(1888e:616)

1884a   A Journey in Cumberland Sound and on the West Shore of Davis Strait in 1883 and 1884. Journal of the American Geographical Society of New York 16:242-272,p. 241,map (also as Bulletin of the American Geographical Society 3,1884:242-272,map on p. 241).

博厄斯的第一本英文出版物,1984 年转载于期刊《因纽特研究》第 8 卷第 1 期第 121—138 页(穆勒-威勒 1984)。

1884b   Brief von Dr. Franz Boas an "Globus", Alma Farm, Lake George, NY, 24. September 1884 (Letter by Dr. Franz Boas to [the magazine] "Globus", Alma Farm, Lake George, NY, 24 September 1884). Globus 42, 22:352.

1884 年《柏林地理学会会刊》第 11 卷第 378 页发表了此信以及博厄斯写给阿道夫·巴斯蒂安和威廉·赖斯的信。

1884c   Customs of the Esquimaux. Presentation before the German Social Science [sic] Association (Deutscher Gesellig–Wissenschaftlicher Verein von New York) on Tuesday, November 5, 1884. New York Times, Wednesday, November 6, 1884:5.

《纽约时报》第一次提到博厄斯是在他第一次公开演讲时,当时他的演讲还没有发表。

1885a   Wie der Cumberland–Sund entdeckt wurde (How Cumberland Sound was discovered). New Yorker Staats Zeitung, Sunday, 18 January 1885.

英译本参见2009年出版的博厄斯作品第54—57页。

1885b   Unter dem Polarkreise (Below the Arctic Circle). New Yorker Staats–Zeitung.

Ⅰ. (no title), Sunday, 1 February 1885;

Ⅱ. (no title), Sunday, 22 February 1885;

Ⅲ. Der Herbst (The Fall), Monday, 2 March 1885.

英译本参见2009年出版的博厄斯作品第58—66页。

1885c   Die Wohnsitze und Wanderungen der Baffinland–Eskimos (Settlements and migrations of the Baffin Land Eskimos). Deutsche Geographische Blätter 8:31–38, Plate 2 (map).

1885d   Bemerkungen zur Topographie der Hudsonbai und Hudsonstrasse（Remarks on the topography of Hudson Bay and Hudson Strait）. Petermanns Geographische Mitteilungen 31:424–426, Plate 19（map）.

1885e   Die Eskimo des Baffinlandes（The Eskimos of Baffin Land）. Verhandlungen des fünften Deutschen Geographentages zu Hamburg am 9., 10. und 11. April 1885. Published by the Zentralausschuß des Deutschen Geographentages（Central Committee of the German Assembly of Geographers）. Berlin: Dietrich Reimer, p. 101–112.

1885年4月11日在汉堡举行的第五届德国地理学家大会上发表的演讲稿。恩斯特·博厄斯将《巴芬兰的爱斯基摩人》译为英文,共16页,但未注明日期且未出版,现保存于美国哲学学会(Zumwalt 2013b)。

1885f   Die Sagen der Baffin-Land-Eskimos（The Tales of the Baffin Land Eskimos）. Verhandlungen der Berliner Gesellschaft für Anthropologie, Ethnologie und Urgeschichte 17:161–166.

1885年4月15日在柏林人类学、民族学和史前史学会的演讲稿;由主席鲁道夫·冯·维尔楚宣读。

1885g   Reise im Baffinlande 1883 und 1884（2. Mai 1885）

（Travels in Baffin Land in 1883 and 1884［2 May

2885］）. Verhandlungen der Gesellschaft für Erd-

kunde zu Berlin 12,5-6:288-297,map.

1885年5月2日在柏林的演讲稿。

1885h   Baffin-Land. Geographische Ergebnisse einer in den

Jahren 1883 und 1884 ausgeführten Forschungsreise

（Baffin Land. Geographical results of a research jour-

ney conducted in the years of 1883 and 1884）. Peter-

manns Mitteilungen, Supplementary Volume 80, 100

pp. , two maps and nine sketches. Gotha：Justus

Perthes. （Reprint：Saarbrücken：Bibliophiler Fines

Mundus Verlag 2006,http://www.finismundi.de）

1885年12月出版的博厄斯自然地理学方面的教

授资格论文,出版商删掉了《彼得曼地理通讯》中

的"地理"二字,改名为《彼得曼通讯》,作为原刊的

增刊。

1885i   Sammlung aus Baffin-Land （Collection from Baffin

Land）. Original-Mittheilungen aus der Ethnologisch-

en Abteilung der Königlichen Museen zu Berlin, p.

131-133. Berlin：Verlag von W. Spemann.

1883—1884 年,博厄斯在坎伯兰湾和巴芬兰戴维斯海峡对自己收集的因纽特人("中央爱斯基摩人")民族志材料进行注释,并加以编号。

1885j*　The Eskimo of Baffin Land. Transactions of the Anthropological Society of Washington, Vol. III, November 6, 1883–May 19, 1885:95–102.

1884 年 12 月 2 日在史密森学会行政服务中心的演讲于 1886 年出版,也是史密森学会杂项收藏第 630 号出版物的一部分,1984 年转载于《因纽特研究》第 8 卷第 1 期第 139—144 页(Müller-Wille 1984)。

1885k　Eskimoiske Sagn og Sange samlede af Dr. F. Boas paa Baffins–Land（Eskimo tales and songs collected by Dr. F. Boas on Baffin's Land）.

此作品为博厄斯在巴芬岛上搜集的爱斯基摩故事与歌曲。1885 年弗朗兹·博厄斯在明登将未出版的 50 页因纽特语和德语手稿寄给了哥本哈根的林克（RLC, Rink Papers）。

1885l　Die Eisverhältnisse des arktischen Oceans（The ice conditions of the Arctic Ocean）, Habilitationskolloqium, Philosophische Fakultät, Friedrich–Wilhelms–Universität zu Berlin, 27 May 1885, 22 pp., handwritten, unpublished（APS/FBPP）.

1885m　　Ueber das Cañongebiet des Colorado（Concerning the Cañon Area of the Colorado）,Praelectio（Inaugural Lecture）, Philosophische Fakultät, Friedrich-Wilhelms Universität zu Berlin,5 June 1885,19 pp.,handwritten, unpublished（APS/FBPP）.

1885n　　Mr. Melville's Plan of Reaching the North Pole. New York Evening Post,February 6,1885.

1885年2月3日弗朗兹·博厄斯写给编辑的信；乔治·W.梅尔威勒的回信以同样的标题发表在1885年2月17日的《纽约晚报》上。

1885o　　Mr. Melville's plan of reaching the north pole. In：Letters to the Editor. Science 5, 112, March 27, 1885：247-248.

1885年2月17日《纽约晚报》刊登了弗朗兹·博厄斯对梅尔威勒复信的回复。

1885p　　The Configuration of Grinnell Land and Ellesmere Island. Science 5,108,February 27,1885：170-171.

1885r　　Cumberland Sound and its Eskimos. Popular Science Monthly 26,April 1885：768-779.

本文是博厄斯提交的第11篇文章《坎伯兰湾及其爱

斯基摩人》的英译版，德语版于1884年11月2日由《柏林日报》发表。

1886a   Die Expedition des "Neptune" im Jahre 1884（The "Neptune" Expedition in the Year 1884）. Deutsche Geographische Blätter 9,1:68-70.

本文是对安德鲁·罗伯森·戈登和罗伯特·贝尔撰写的《哈德逊湾探险报告》的评论，这次探险由戈登领导。这份报告1884年在渥太华出版，出版者不详。

1886b*   Litteraturbericht Nr. 234. Rink, H., Om de Eskimoiske Dialekter, Kjøbenhavn, 1885（Literature Report Nr. 234, H. Rink, Concerning Eskimo Dialects. Copenhagen 1885）. Petermanns Geographische Mitteilungen 32:59-60.

本文是一篇评论文章，被评论文章的标题为《爱斯基摩方言对评估爱斯基摩人起源和迁徙问题的贡献》，其作者为辛里奇·林克。1885年发表在哥本哈根蒂勒的《北欧古代和历史档案》第219—260页。

1887a   Religiösen Vorstellungen und einige Gebräuche der zentralen Eskimos（The religious beliefs and some customs of the Central Eskimos）. Petermanns Geographische Mitteilungen 33,10:302-316.

1887b   Unter den Eskimos（Among the Eskimos）. Deutsch Amerikanisches Magazin. Vierteljahrsschrift für Geschichte, Literatur, Wissenschaft, Kunst, Schule und Volksleben der Deutschen in Amerika 1: 613-624. Cincinnati, Ohio: S. Rosenthal.

本文以博厄斯的作品 1885e 为基础。

1887c   A Year among the Eskimo. Bulletin of the American Geographical Society 19, 4: 383-402.

1887—1888   这一时期发表在《科学》杂志上的关于因纽特和北极的文章, 编号 Sc 1—16, 其中 Sc5—8、Sc 13—16 原文未署名。

Sc 1   The Study of Geography. Science, Friday, February 11, 1887, Supplement 9, 210: 137-141.

转载于博厄斯作品 1940a 第 639—647 页; 阿格纽等人 1996 年作品第 173—180 页及斯托金 1996 年作品的第 9—16 页也进行了转载。

Sc 2   Ethnology: The Eskimo Tribes. Science 10, 252, December 2, 1887: 271.

林克对此作品专门撰写评论, 题目为《爱斯基摩部落》, 1887 年由哥本哈根出版商雷策尔发表。

Sc 3   Eskimo and Indians. Response to A. F. Chamberlain's

Eskimo and Indians (Science 10, December 2, 1887:
273-274). Science 10,252, December 2,1887:274.

Sc 4   Poetry and Music of Some North American Tribes. Sci-
ence 9,220, April 22, 1887:383-385.

文章附有来自巴芬岛的"爱斯基摩人"和加拿大不
列颠哥伦比亚的"印第安人"的文本片段和音乐
乐谱。

Sc 5   [unsigned] Eskimo Harpoon. Science 9,229, June 24,
1887:607-608, one figure.

Sc 6   [unsigned] The Exploration of Arctic America. Sci-
ence 10,230, July 1, 1887:3-4.

Sc 7   [unsigned] Exploration and Travel. Notes from the
Arctic. Science 10, 249, November 11, 1887: 233-
234, map.

Sc 8   [unsigned] The New Route from England to Asia, and
the Hudson Bay Route. Science 10,231, July 8, 1887:
15-17, map.

Sc 9   Ice and Icebergs. Science 9, 217, April 1, 1887: 324-
325.

Sc 10   The Formation and Dissipation of Sea-Water Ice. Sci-
ence 10,239, September 2, 1887:118-119.

Sc 11   Response to A. F. Chamberlain's Vermin-Eaters (Science 11, 265, March 2, 1888: 109). Science 11, March 2, 1888: 109.

Sc 12   [F. B.] An Ethnographical Collection from Alaska. Science 11, 273, April 27, 1888: 198-199.

Sc 13   [unsigned] Yukon Expedition, 1887. Science 11, 272, April 20, 1888: 184-185, map

Sc 14   [unsigned] Exploration in Greenland. Science 11, 278, June 1, 1888: 259-260, map.

Sc 15   [unsigned] Notes on the Geography of Labrador. Science 11, 263, February 17, 1888: 77-79, two maps.

Sc 16   [unsigned] The Great Mackenzie Basin. Science 11, 307, December 21, 1888: 314-15, two maps.

1888a   Die Eisverhältnisse des südöstlichen Teiles von Baffin-Land (The ice conditions in the southeastern part of Baffin Land). Petermanns Geographische Mitteilungen 34: 296- 298, map.

1888b   Das Fadenspiel (The Game of Cat's Cradle). Mittheilungen der Anthropologischen Gesellschaft in Wien 18 (N. F. 8), 7: 85.

       参见博厄斯作品1888f。

1888c   Sagen der Eskimos von Baffin-Land (Eskimo tales from Baffin Land). Verhandlungen der Berliner Gesellschaft für Anthropologie, Ethnologie und Urgeschichte 20:398-405.

1888d   Meteorologische Beobachtungen im Cumberland-Sunde (Meteorological observations in Cumberland Sound). Annalen der Hydrographie und maritimen Meteorologie 16,6:241-262.

1888e   The Central Eskimo. Sixth Annual Report of the Bureau of Ethnology 1884-85 [1888]: 399-669, Fig. No. 390-546, Plates II-X. Washington: Smithsonian Institution.

1964年内布拉斯加大学出版社系列丛书"野牛之书"再版此作品,由柯林斯做序。1974年位于多伦多的科尔斯出版集团的"科尔斯加拿大人系列"出版影印本。

1888f   The Game of Cat's Cradle. Internationales Archiv für Ethnographie 1,1888:229-230,5 illustrations,and 2, 1889:52.

1888g   [Franz Boaz (sic)] The Tribal Division of the Eskimos of Northeastern America. American Antiquarian and Oriental Journal 10:40–41.

原文错将名字标注为 Franz Boaz。

1888h   The Eskimo. Transactions of the Royal Society of Cana-da for the Year 1887,5,2:35–39.

1888i   The Geography and Geology of Baffin Land. Transac-tions of the Royal Society of Canada for the Year 1887, 5,2:75–78.

1894a   Der Eskimo-Dialekt des Cumberland-Sundes (The Eskimo dialect of Cumberland Sound). Mittheilungen der Anthropologischen Gesellschaft in Wien 24 (Neue Folge 14):97–114.

1894b   Eskimo Tales and Songs. Journal of American Folk-Lore 7:45–50.

1894c   Notes on the Eskimo of Port Clarence, Alaska. Journal of American Folk-Lore 7:205–208.

1897   Eskimo Tales and Songs. Journal of American Folk-Lore 10:109–115.

1899   Property Marks of Alaskan Eskimo. American Anthro-pologist,New Series,1,4:601–613,10 figures.

1900 Religious Beliefs of the Central Eskimo. Popular Science Monthly 57,October 1900:624–631.

1901   The Eskimo of the Baffin Land and Hudson Bay: from notes collected by George Comer, James S. Mutch, and E. J. [Edmund James] Peck. Bulletin of the American Museum of Natural History 15, Part I: 1-370. New York: Published by the order of the Trustees, American Museum of Natural History (see Part II: Boas 1907).

1975年美国哲学学会出版社再版。

1903   The Eskimo Collection from Hudson Bay. The American Museum Journal 3:6-9, map.

1904   The Folk-Lore of the Eskimos. Journal of American Folk-Lore 17:1-13.

1906   The Eskimo. Annual Archaeological Report 1905, being part of the Appendix to the Report of the Minister of Education, Ontario Legislative Assembly. Toronto: L. K. Cameron, p. 107-116.

1907   Second Report on the Eskimo of the Baffin Land and Hudson Bay: from notes collected by Captain George Comer, Captain James S. Mutch, and Rev[erend]. E. J. [Edmund James] Peck. Bulletin of the American Museum of Natural History 15, Part II: 371-570. New York: Published by the order of the Trustees, American Museum of Natural History（see Part I：Boas 1901）

1975年美国哲学学会出版社再版。

1908a Decorative Designs of Alaskan Needlecases：A Study in the History of Conventional Designs，Based on Materials in the United States National Museum. Proceedings of the United States National Museum 34，1908：321-344，9 plates，16 illustrations. Washington：Smithsonian Institution.

转载于博厄斯作品1940a第546—563页。

1908b Bird-Bolas among the Eastern Eskimo. American Anthropologist，New Series，10，4：698-699.

1909a Needle-Case from Grinnell Land. American Anthropologist，New Series，11：135-136.

1909b Review of Rasmussen's The People of the Polar North. Journal of American Folk-Lore 22：264.

被评论文章的完整标题：《极北之地的人：记录》，作者：克努德·拉斯穆森、赫林、哈拉尔德-莫特克，1908年宾夕法尼亚州费城利平科特出版公司出版。

1909c Relationships of the Eskimos of East Greenland. Science 30，772，October 15，1909：535-536.

转载于博厄斯作品1940a第593—595页。

1922* An Eskimo Winter. In: Parsons, Elsie Clews (ed.), American Indian Life by Several of Its Students. Illustrated by C. Grant La Farge. New York: B. W. Huebsch, p.367–378, 413.

     1925年由纽约维京出版社首次再版。帕克卡拉是博厄斯采访的因纽特专家之一,专门研究巴芬岛上的地名和故事,他向博厄斯讲述了两个有关冬季生活的圣歌。

1926 Two Eskimo Riddles from Labrador. Journal of American Folk-Lore 39 [1927]:486.

1932 Rasse und Kultur. Rede, gehalten am 30ten Juli 1931 in der Aula der Christian-Albrechts-Universität in Kiel bei Gelegenheit des 50jährigen Doktorsjubiläums des Verfassers (Race and Culture. Presentation held at the occasion of the author's 50th doctoral anniversary in the auditorium of the Christian-Albrechts-Universität at Kiel on July 30, 1931). Jena: Verlag von Gustav Fischer. 19 pp.

     转载于《文化哲学杂志》2012年第6卷第2期第377—390页,本刊由汉堡的费利克斯·迈纳·维拉格出版社出版。另可参见波尔2012年的作品。

1933a   Offener Brief. Seine Exzellenz Generalfeldmarschall Paul von Hindenburg, Präsident des Deutschen Reiches, Berlin, Germany. Franz Boas, Columbia University, New York City, den 27. März 1933. 4 pp. (APS/FBPP).

此信收藏于美国哲学学会。可参见桑德盖尔德作品 1980 第 185—188 页, 此作品是纪念弗朗兹·博厄斯就读的明登中学成立 450 周年而作, 书中除博厄斯的短篇传记, 还有他的公开信, 这封公开信在德国秘密发行近五十年后首次在德国出版; 另可参见罗德坎普作品 1994 第 94—95 页。

1933b   Arier und Nicht-Arier (Aryans and Non-Aryans). Die Neue Welt. Deutschsprachiges Tagesorgan der Kommunistischen Partei Frankreichs, Region Elsaß – Lothringen (New World, German Daily of the Communist Party of France, Alsace-Lorraine Region) 10, 257-259, November 6, 7 and 8, 1933. Straßburg.

1933 年的英文手写原稿的德文译本, 后经修订出版, 即为参考文献中的 1934a。

1934a   Aryans and Non-Aryans. The American Mercury, June 1934, 32, 116:219-223.

1934b   Geographical Names of the Kwakiutl Indians. Columbia University Contributions to Anthropology 20. New York：Columbia University Press.

对地理位置的广泛调查成果中附有83页的解释和翻译，以及包含22幅地图的地图集；还包括博厄斯对"夸扣特尔人和爱斯基摩人命名法"的比较（第18—19页）。

1940a Race，Language and Culture. New York：The Macmillan Company.

弗朗兹·博厄斯出版物选编。

1940b Liberty among Primitive People. In：Freedom，Its Meaning. Planned and edited by Ruth Nanda Anshen. New York：Harcourt，Brace and Company，p. 375–380.

《自由的意义》一书由43位作者的作品汇编而成。1942年由伦敦乔治·艾伦与昂温出版有限公司重印。

博厄斯逝世后出版的著作

2007 Eskimo Story（Written for my Children）. My Arctic Expedition. Edited by Norman F. Boas. Mystic，Connecticut：Seaport Autographs Press.

2009 Arctic Expedition 1883–1884. Translated German Newspaper Accounts of My Life with the Eskimos. Edited by Norman F. Boas and Doris W. Boas. Translated by Rita Terris and Thomas Huber. Mystic, CT: Norman F. Boas. Private edition.

此书包含1883年至1885年间弗朗兹·博厄斯在《柏林日报》发表的编号为BT 3—18的文章,以及1885年在《纽约州报》发表的编号为1885a—b的文章。

三、其他参考文献(References)

海因里希·阿贝斯(Abbes, Heinrich)

1884 Die Eskimos des Cumberland-Sundes. Eine ethnographische Skizze (The Eskimos of Cumberland Sound. An ethnographic sketch). Globus 46:198−201, 213−218.

1890 Die Eskimos des Cumberlandgolfes (The Eskimos of the Golf of Cumberland). In: Neumayer, Georg von (ed.), Die internationale Polarforschung 1882−1883. Die Deutschen Expeditionen und ihre Ergebnisse. Band II: Beschreibende Naturwissenschaften in einzelnen Abhandlungen. (International Polar Research 1882—1883. The German Expeditions and Their Results. Volume II: Descriptive Natural Sciences in Individual Treatises.) Hamburg: Deutsche Polar-Kommission,p. 1–60.

约翰·阿格纽(Agnew,John)、大卫·J.利文斯通(David J. Living-
stone)、阿利斯代尔·罗杰斯(Alisdair Rogers)编

1996   Human Geography. An Essential Anthology. New
York:John Wiley & Sons.

利奥波德·安布罗恩(Ambronn,Leopold)

1883   Bemerkungen über den Cumberland–Sund und seine
Bewohner (Comments about Cumberland Sound and
its inhabitants). Deutsche Geographische Blätter 6:
347–357.

H.A.安德鲁斯(Andrews,H. A.)

1906   Bibliography of Franz Boas. In:Laufer 1906:515–545.
此文为博厄斯1880—1906年作品目录。

H.A.安德鲁斯等(Andrews,H. A. and others)

1943   Bibliography of Franz Boas. Edited by Bertha C. Edel.
In: Kroeber, Alfred L., ed., Franz Boas 1858–1942.
American Anthropological Association Memoirs 61:
67–119.
此文为博厄斯1880—1943年作品目录。

乌尔苏拉·本德-维特曼(Bender-Wittmann,Ursula)

2007   Zwischen den Welten. Aspekte von Identität und Mo-

bilität im Werdegang von Franz Boas（1858-1942）
（Between worlds. Aspects of identity and mobility in
the career of Franz Boas（1858-1942））. Lippische
Mitteilungen aus Geschichte und Landeskunde 76：
103-127.

诺曼·F.博厄斯（Boas,Norman F.）

2004　　　Franz Boas 1858-1942. An Illustrated Biography.
　　　　　Mystic,CT：Seaport Autograph Press.

诺曼·弗朗西斯·博厄斯（Boas,Norman Francis）、芭芭拉·林顿·
迈尔（Barbara Linton Meyer）

1999　　　Alma Farm. An Adirondack Meeting Place. Mystic,
　　　　　Connecticut & Bolton Landing, New York：Boas &
　　　　　Meyer Publishers.

伯恩哈德·布里林（Brilling,Bernhard）

1966　　　Die Vorfahren des Professors Franz Boas（Ancestors
　　　　　of Professor Franz Boas）. Mindener Heimatblätter,
　　　　　Mitteilungsblatt des Mindener Geschichts- und Muse-
　　　　　umsverein 1966, 3-4：1-2. Special Supplement to
　　　　　Mindener Tageblatt,24 April 1966
　　　　　可参见《明登历史博物馆协会通讯》第38卷第
　　　　　103—112页。

杰拉尔德·L.布鲁斯（Broce，Gerald L.）

1973   History of Anthropology. Basic Concepts in Anthropol-
            ogy. Edited by A. J. （Jack）Kelso and Aram Yengoy-
            an. Minneapolis，Minnesota：Burgess Publishing Com-
            pany.

1986   Herder and Ethnography. Journal of the History of the
            Behavioral Sciences 22：150-170.

马蒂·邦兹（Bunzl，Matti）

1996   Franz Boas and the Humboldtian Tradition：From
            Volksgeist and Nationalcharakter to an Anthropologi-
            cal Concept of Culture. In：Stocking 1996：17-78.

道格拉斯·科尔（Cole，Douglas）

1983   "The Value of a Person Lies in his Herzensbildung".
            Franz Boas' Baffin Island Letter-Diary，1883-1884.
            In：Stocking Jr.，George W. （ed.），Observers Ob-
            served. Essays on Ethnographic Fieldwork. History of
            Anthropology，Vol. 1. Madison：University of Wiscon-
            sin Press，p. 13-52.

1999   Franz Boas. The Early Years，1858-1906. Vancouver/
            Toronto：Douglas & McIntyre，Seattle/London：Univer-
            sity of Washington Press.

道格拉斯·科尔（Cole, Douglas）、路德·穆勒-威勒（Ludger Müller-Wille）

1984   Franz Boas' Expedition to Baffin Island, 1883–1884. Études/ Inuit/Studies 8, 1:37–63.

路易斯-雅克·多莱斯（Dorais, Louis-Jacques）

1996   La parole inuit. Langue, culture et société dans l'Arctique nord-américain. Société d'Études Linguistiques et Anthropologiques de France – Selaf No. 347, Collection Arctique 3. Paris: Peters.

迈克尔·杜尔（Dürr, Michael）、埃里希·卡斯滕（Erich Kasten）、埃贡·雷纳（Egon Renner）编

1992   Franz Boas. Ethnologe – Anthropologe – Spachwissenschaftler. Ein Wegbereiter der modernen Wissenschaft vom Menschen. (Franz Boas. Ethnologist – Anthropologist – Linguist. A trailblazer of the modern science of humankind). Berlin: Staatsbibliothek – Preußischer Kulturbesitz.

米歇尔·埃斯帕涅（Espagne, Michel）、伊莎贝拉·卡利诺斯基（Isabelle Kalinoskwi）编

2013   Franz Boas. Le travail du regard. Paris: Éditions Armand Colin.

因纽特研究（Études Inuit Studies）

1977   Projet de conférence inuit / Proposed Inuit Conference.
              Études/Inuit/Studies 1,1:170–171.

丹尼尔·法伦（Fallon,Daniel）

1976   The German University. A Heroic Ideal in Conflict
              with the Modern World. Boulder. CO:Colorado Associ-
              ated University Press.

米尔顿·M.R.弗里曼（Freeman,Milton M. R.）编

1984   Dans les traces de Boas – 100 ans d'anthropologie des
              Inuit – In Boas' Footsteps – 100 Years of Inuit An-
              thropology. Études/Inuit/Studies 8,1:3–179.

伦纳德·F.格特里奇（Guttridge,Leonard F.）

2000   Ghosts of Cape Sabine. The Harrowing True Story of
              the Greely Expedition. New York:Berkley Books.

肯·哈珀（Harper,Kenn）

2000   Give me my father's body. The life of Minik,the New
              York Eskimo. South Royalton, VT: Steerforth Press
              and New York:Washington Square Press.
              原始版本于1986年由位于加拿大西北地区弗罗比
              舍湾的布莱克利德图书公司出版。

2008   The collaboration of James Mutch and Franz Boas,

1883- 1922. In: Müller-Wille, ed. 2008: 53-71.

犹太百科全书(Jewish Encyclopedia)

1906 Tisza-Eszlar Affair. In: Jewish Encyclopedia. New
York: Funk & Wagnalls 1901-1906. http://www.jew-
ishencyclopedia. com / articles / 14407-tisza-eszlar-af-
fair (accessed January 23, 2013).

卡罗尔·凯瑟琳·克诺奇(Knötsch, Carol Cathleen)

1988 Franz Boas bei den kanadischen Inuit im Jahre
1883-1884 (Franz Boas among the Canadian Inuit in
the Year 1883-1884). Master's thesis, Ethnology,
Rheinische Friedrich Wilhelms-Universität, Bonn,
Germany.

    1992年发表在波恩霍罗斯·维拉出版的蒙都斯系列
民族学第60卷。

阿尔弗雷德·L.克罗伯(Kroeber, Alfred L.)

1899 The Eskimo of Smith Sound. Bulletin of the American
Museum of Natural History 12: 265-327.

1901 Decorative Symbolism of the Arapaho. American An-
thropologist, New Series 3: 308-336.

伊戈尔·克鲁普尼克(Krupnik, Igor)编

2014 Early Inuit Studies. Themes and Profiles in Eskimology, 1850–1980s. Washington, DC: Smithsonian Institution Scholarly Press.

伊戈尔·克鲁普尼克（Krupnik, Igor）、路德·穆勒–威勒（Ludger Müller–Wille）

2010 Franz Boas and Inuktitut Terminology for Ice and Snow: From the Emergence of the Field to the "Great Eskimo Vocabulary Hoax". In: Krupnik, Igor & Claudio Aporta, Shari Gearheard, Gita J. Laidler, Lene Kielsen Holm (eds), SIKU: Knowing Our Ice. Documenting Inuit Sea-Ice Knowledge and Use. Dordrecht, Heidelberg, London, New York: Springer Verlag, p. 377–400.

伊戈尔·克鲁普尼克（Krupnik, Igor）、路德·穆勒–威勒（Ludger Müller–Wille）编

2010 The Beginnings of Arctic Social Sciences: Reconstructing the Genealogy of IASSA. Special Issue Celebrating the 20th Anniversary of IASSA and Honoring Ernest S. Burch, Jr. (1938–2010). Northern Notes – Newsletter of the International Arctic Social Sciences Association 33, Anniversary Issue. Akureyri: IASSA Secretariat. http:// www.iassa.org/images/stories/newsletters/northern_ notes_33_anniversary_issue_2010.pdf

路德维希·库姆连(Kumlien,Ludwig)编

1879   Contributions to the Natural History of Arctic Ameri-
            ca, made in connection with the Howgate Polar Expedi-
            tion, 1877−78. Department of the Interior, Bulletin of
            the United States National Museum 15. Washington:
            Smithsonian Institution

于尔根·朗根卡姆珀(Langenkämper,Jürgen)

2009   "Ich fuerchte nur, wir verstehen einander nicht".
            Franz Boas' Briefwechsel mit deutschen Freunden
            und Kollegen 1932/33 ("I just fear that we do not un-
            derstand each other." Franz Boas's correspondence
            with German friends and colleagues). In: Pöhl, Fried-
            rich & Bernhard Tilg (eds), Franz Boas. Kultur,
            Sprache, Rasse. Wege einer antirassistischen Anthro-
            pologie. Wien: Lit Verlag, p. 131−149.

贝特霍尔德·劳费尔(Laufer, Berthold)编

1906   Boas Anniversary Volume. Anthropological Papers
            Written in Honor of Franz Boas. Presented to him on
            the twentyfifth anniversary of his doctorate, ninth of
            August, nineteen hundred and six. New York: G. E.
            Stechert & Co.

克劳德·列维-斯特劳斯(Lévi-Strauss, Claude)

1984   Claude Lévi-Strauss' Testimony on Franz Boas. Études/Inuit/Studies 8, 1:7-9.

赫伯特·S.刘易斯(Lewis, Herbert S.)

2001   The Passion of Franz Boas. American Anthropologist 103, 2:447-467.

2008   Franz Boas: Boon or Bane? Reviews in Anthropology 37:169-200.

茱莉亚·E.利斯(Liss, Julia E.)

1995   Patterns of Strangeness. Franz Boas, Modernism, and the Origins of Anthropology. In: Barkan, Elazar & Ronald Bush (eds), Prehistories of the Future. The Primitivist Project and the Culture of Modernism. Stanford: Stanford University Press, p. 114-130.

1996   German Culture and German Science in the Bildung of Franz Boas. In: Stocking 1996:155-184.

罗伯特·H.洛伊(Lowie, Robert H.)

1947   Biographical Memoir of Franz Boas 1858-1942. Presented to the Academy at the Annual Meeting, 1947. National Academy of Sciences of the United States of America, Biographical Memoirs 24:303-322.

肯特·马修森(Mathewson, Kent)

2002   Review of William W. Speth, How it came to be: Carl O. Sauer, Franz Boas, and the Meaning of Anthropo-geography. Ellensberg, WA: Ephemera Press 1999. American Anthropologist 104, 1: 380-381.

特奥多尔·蒙森(Mommsen, Theodor)

1880   Auch ein Wort über unser Judentum (Even another Word about Our Judaism). Berlin: Weidmannsche Buchhandlung.

路德·穆勒-威勒(Müller-Wille, Ludger)

1983   Franz Boas (1858-1942). Arctic Profiles. Arctic 36, 2: 212-213.

1984   Two Papers by Franz Boas. Études/Inuit/Studies 8, 1: 117-144.

        此文涉及的两篇论文可参见博厄斯作品1884a与1885j。

1994   Franz Boas und seine Forschungen bei den Inuit. Der Beginn einer arktischen Ethnologie (Franz Boas and his research among Inuit. The beginning of Arctic ethnology). In: Rodekamp 1994: 25-38.

2014   Franz Boas: His English Language Publications on

Inuit and the Arctic（1884-1926）and Critical Assessments since the Early 1980s. A Bibliographical Survey. In：Krupnik 2014.

路德·穆勒-威勒（Müller-Wille, Ludger）编

1992   Franz Boas：Auszüge aus seinem Baffin-Tagebuch 1883－1884（10. September bis 15. Oktober 1883）（Franz Boas：Excerpts from his Baffin Diary 1883-1884（September 10 to October 15, 1883）. In：Dürr 1992：39-56.

1994   Franz Boas. Bei den Inuit in Baffinland 1883—1884. Tagebücher und Briefe（Franz Boas. Among the Inuit on Baffin Land 1883—1884. Journals and letters）. Ethnologische Beiträge zur Circumpolarforschung 1, Editor：Erich Kasten. Berlin：Reinhold Schletzer Verlag.

本书原始资料来源于美国哲学学会收藏的博厄斯1882—1884年的日记与信件。

1998   Franz Boas among the Inuit of Baffin Island 1883—1884. Journals and Letters. Translated by William Barr. Toronto, Buffalo, London：University of Toronto Press.

本书原始资料来源于美国哲学学会收藏的博厄斯1882—1884年的日记与信件。

2008   Franz Boas et les Inuit / Franz Boas and the Inuit.
                Études/ Inuit/Studies 32,2:5-84.

                本卷期刊序言《弗朗兹·博厄斯和因纽特人》由路
                德·穆勒-威勒撰写,其中德文版为第5—8页,英文
                版为第9—12页。

路德·穆勒-威勒(Müller-Wille,Ludger)、伯纳德·吉塞金(Bernd
Gieseking)编

2008   Bei Inuit und Walfängern auf Baffin-Land (1883 /
                1884). Das arktische Tagebuch des Wilhelm Weike
                (Among Inuit and Whalers in Baffin Land (1883 /
                1884). Wilhelm Weike's Arctic journal). Mindener
                Beiträge 30. Minden:Mindener Geschichtsverein.

                本书原始资料来源于美国哲学学会收藏的威克
                1883—1889年的日记与信件。

路德·穆勒-威勒(Müller-Wille,Ludger)、伯纳德·吉塞金(Bernd
Gieseking)

2011   Inuit and Whalers on Baffin Island through German
                Eyes. Wilhelm Weike's Arctic Journal and Letters
                (1883—84). Translated by William Barr. Montréal:
                Baraka Books.

                本书原始资料来源于美国哲学学会收藏的威克

1883—1889年的日记与信件。

路德·穆勒–威勒（Müller-Wille, Ludger）、琳娜·韦伯·穆勒–威勒
（Linna Weber Müller-Wille）

2006 Inuit Geographical Knowledge One Hundred Years
    Apart. In: Stern, Pamela & Lisa Stevenson（eds）, Criti-
    cal Inuit Studies. An Anthology of Contemporary Arc-
    tic Ethnography. Lincoln and London: University of
    Nebraska Press, p. 217-229.

詹姆斯·S.穆奇（Mutch, James S.）

1906 Whaling in Ponds Bay. In: Laufer 1906: 485-500.

詹姆斯·C.皮林（Pilling, James C.）

1887 Bibliography of the Eskimo Language. Bureau of Eth-
    nology Bulletin 1. Washington: Bureau of Ethnology,
    Smithsonian Institution, Government Printing Office.

弗里德里希·波尔（Pöhl, Friedrich）

2008 Assessing Franz Boas' ethics in his Arctic and later
    anthropological fieldwork. In: Müller-Wille, ed. 2008:
    35-52.

2012 Franz Boas' Rede an der Universität Kiel zum
    50jährigen Doktorjubiläum（Franz Boas's speech at
    Kiel University at the occasion of the fiftieth doctoral

anniversary). Zeitschrift für Kulurphilosophie 6, 2:
391–397.

2013   Personal communications. March–April 2013. Lecturer, Leopold–Franzens–Universität Innsbruck, Austria.
              2013年3月—4月任奥地利因斯布鲁克大学讲师时的私人通信。

弗里德里希·拉采尔（Ratzel, Friedrich）

1882   Anthropo–Geographie oder Grundzüge der Anwendung der Erdkunde auf die Geschichte (Anthropo–Geography or Fundamental Features for the Application of Geography to History). Stuttgart: Engelhorn.

1883   Die Bedeutung der Polarforschung für die Geographie (The Importance of polar research for geography). Verhandlungen des dritten Deutschen Geographentages zu Frankfurt a. M., 29., 30. und 31. März 1883. Berlin: Dietrich Reimer, p. 21–37.

1887   Die amerikanischen Hyperboröer. (The American Hyperboreans.) In: Völkerkunde, Band 2: Die Naturvölker Ozeaniens, Amerikas und Asiens. Die Naturvölker der Polarländer (Ethnology, Vol. 2: The Primitive Peoples of Oceania, the Americas, and Asia. The Primitive

Peoples of the Polar Countries）. Leipzig：Verlag des Bibliographischen Institutes，p. 732−753.

辛里奇·林克（Rink，Hinrich）

1890 Litteraturbericht 1132. Boas，F.：The Central Eskimo.（Ann. Rep. Bureau of Ethnology，Washington 1888，S. 399−669，mit 9 Tafeln.）Petermanns Geographische Mitteilungen 36：82−83.

辛里奇·林克（Rink，Hinrich）、弗朗兹·博厄斯（Franz Boas）

1889 Eskimo Tales and Songs. Journal of American Folk-Lore 2：123−131.

本文中均为因纽特人原始故事文本和乐谱；另可参见博厄斯的出版及发表作品。

沃尔克·罗德坎普（Rodekamp，Volker）编

1994 Franz Boas 1858−1942. Ein amerikanischer Anthropologe aus Minden（Franz Boas 1858−1942. An American anthropologist from Minden）. Texte und Materialien aus dem Mindener Museum 11. Bielefeld：Verlag für Regionalgeschichte.

伯纳德·萨拉丁·昂格吕尔（Saladin d'Anglure，Bernard）

1984 Les masques de Boas. Franz Boas et l'ethnographie des Inuit. Études/Inuit/Studies 8，1：165−179.

鲁迪格·肖特(Schott,Rüdiger)

1994   Kultur und Sprache. Franz Boas als Begründer der an-
               thropologischen Linguistik（Culture and Language.
               Franz Boas as founder of anthropological linguistics）.
               In：Rodekamp 1994：25−38.

威廉·W.斯佩思(Speth,William W.)

1978   The Anthropogeographic Theory of Franz Boas. Anthro-
               pos 73,1−2：1−31.

1999   How it came to be. Carl O. Sauer,Franz Boas,and the
               Meaning of Anthropogeography. Ellensberg, WA：
               Ephemera Press.
               2002年马修森对此文撰写评论。

约翰·斯皮克(Spink,John)、D.W.穆迪(D. W. Moodie)

1972   Eskimo Maps from the Canadian Eastern Arctic. Carto-
               graphica, Monograph 5. Toronto：Department of Geog-
               raphy,York University.

乔治·W.小斯托金(Stocking Jr.,George W.)

1965   From Physics to Ethnology：Franz Boas' Arctic Expe-
               dition as a Problem in the Historiography of the Behav-
               ioral Sciences. Journal of the History of the Behavioral
               Sciences 1：53−66.

乔治·W.小斯托金（Stocking Jr., George W.）编

1996   Volksgeist as Method and Ethic. Essays on Boasian Ethnography and the German Anthropological Tradition. History of Anthropology 8. Madison, WI: The University of Wisconsin Press.

阿道夫·斯托克（Stöcker, Adolf）

1885   Das Judentum im öffentlichen Leben ist eine Gefahr für das Deutsche Reich. Rede, gehalten auf einer Christlich-Sozialen Parteiversammlung in Berlin, 3. 2. 1882 (Judaism in Public Life is a Danger to the German Reich. Speech held at an assembly of the Christian Social Party in Berlin on February 3, 1882). In: Stöcker, Alfred. Christlich–Sozial: Reden und Aufsätze (Christian Social. Speeches and Articles). Bielefeld, Leipzig: Velhagen & Klasing 1885.

弗莱德海姆·桑德盖尔德（Sundergeld, Friedhelm）编

1980   Land und Leuten dienen. Ein Lesebuch zur Geschichte der Schule in Minden zum 450jährigen Bestehen im Auftrag des Ratsgymnasiums Minden (To serve country and people. A reader of Minden's school history commissioned by the Ratsgymnasium at the 450th anniversary of its existence）. Minden：Ratsgymnasium der Stadt Minden.

海因里希·冯·特莱奇克（Treitschke，Heinrich von）

1879   Judenfrage（Jewish Question）. Preußische Jahrbücher 44：572–575.

亚伯拉罕·乌尔里卡博（Ulrikab，Abraham）

2005   The Diary of Abraham Ulrikab. Text and Content. Translated from the German by Hartmut Lutz and students of the University of Greifswald. Ottawa：University of Ottawa Press.

马库斯·维恩（Verne，Markus）

2004   Promotion，Expedition，Habilitation，Emigration. Franz Boas und der schwierige Prozeß，ein wissenschaftliches Leben zu planen（Doctorate，expedition，habilitation，emigration. Franz Boas and the arduous process to plan a scientific existence）. Paideuma 50：79–99.

威廉·威克（Weike，Wilhelm）

1883—1889   Hand-written journal and letters，Germany – Baffin Land – Germany，June 10，1883–January 21，1889（APS/FBFP）.

威克 1883—1889 年的日记与信件收藏于美国哲

学学会,德文版首次发表于2008年穆勒–威勒和吉塞金所编图书的第18—218页,英文版首次发表于2011年穆勒–威勒和吉塞金所编图书的第26—212页。

乔治·温泽尔(Wenzel,George)

1984   L' écologie culturelle et les Inuit du Canada. Une approche appliquée. Études/Inuit/Studies 8,1:89-101.

威廉·S.小威利斯(Willis Jr.,William S.)

1972   Skeletons in the Anthropological Closet. In:Hymes, Dell(ed.),Reinventing Anthropology. New York:Vintage Books,Random House,p. 121-152.

罗斯玛丽·莱维·祖姆沃尔特(Zumwalt,Rosemary Lévy)

1982   The Sea Spirit of the Central Eskimo and Her Relationship to the Living:A Delicate Balance. Actes des Journées d' Études en Litterature Orale,Analyse des contes – Problèmes de méthodes,Paris,23-26 mars 1982. Geneviève Calame-Griaule et al. (eds). Colloques Internationaux de CNRS [Centre national de la recherche scientifique]. Paris:Éditions du CNRS,p. 277-293.

1988   American Folklore Scholarship. A Dialogue of Dissent.

	Bloomington and Indianapolis: Indiana University Press.
2012	The Shaping of Intellectual Identity and Discipline through Charismatic Leaders: Franz Boas and Alan Dundes. Western Folklore 72,2:131-179.
2013a	Franz Boas. A Love Story. 此文未公开出版,本书的引用经过作者许可。
2013b	Personal communications. Dean of the College Emerita and Professor Emerita of Anthropology, Agnes Scott College,Decatur,Georgia,U. S. A.

罗斯玛丽·莱维·祖姆沃尔特(Zumwalt,Rosemary Lévy)、小威廉·谢德里克·威利斯(William Shedrick Willis,Jr.)

2008	Franz Boas and W. E. B. Du Bois at Atlanta University 1906. Transactions of the American Philosophical Society 96,2. Philadelphia,PA: American Philosophical Society.